# GAIL BUSSI

# LA COCINA DE LA BRUJA

RECETAS MÁGICAS
DE TEMPORADA
PARA NUTRIR EL
CUERPO Y EL ALMA

EDICIONES OBELISCO

# LA COCINA DE LA BRUJA

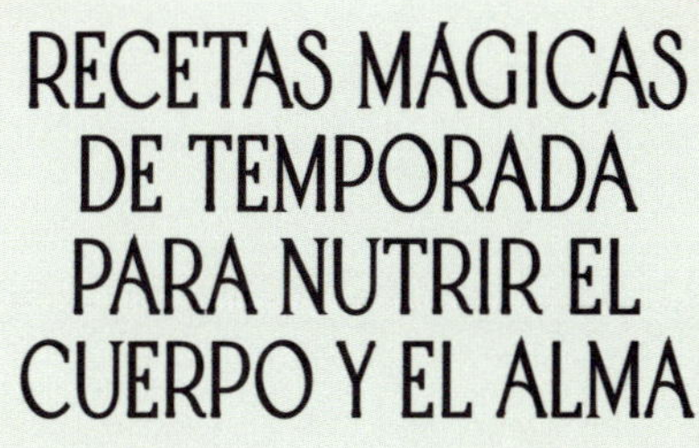

## RECETAS MÁGICAS DE TEMPORADA PARA NUTRIR EL CUERPO Y EL ALMA

# ÍNDICE

# INTRODUCCIÓN

«Es lo que sucede con la magia.
Debemos vivir como si todavía estuviera aquí,
a nuestro alrededor; de lo contrario, se vuelve
completamente invisible...».

Charles de Lint

Aunque todas las formas de cocinar tienen algo de mágico, lo que solemos denominar alquimia culinaria, para muchos de nosotros, yo incluida, la repostería es la forma suprema de dicho arte. Una mezcla ligera de azúcar, huevos, mantequilla y harina puede transformarse en un pastel con sabor a vainilla y Sol; una pegajosa masa de color gris parduzco, con el tiempo, se convierte en una crujiente hogaza de pan recién hecho.

A su manera, la repostería nos permite regresar a nosotros mismos, a la sencilla alegría del momento. ¡*Mindfulness* culinaria en estado puro! Éste no es otro libro más de recetas de repostería, sino más bien una dulce y útil exploración que te permitirá descubrir cómo atraer la magia y la sanación a tu vida a través de la repostería, utilizando para ello la energía de hierbas, especias, flores, frutas y todos los demás ingredientes que la gran diosa Tierra pone, generosamente, a nuestra disposición.

Como herborista y terapeuta floral, además de repostera, cocinera y bruja de la cocina, creo sinceramente que en los momentos sencillos de cada día podemos encontrar el encanto y la alegría de la vida. No necesitamos elaborados rituales ni hechizos para conseguirlo. La magia está a nuestro alrededor; lo único que debemos hacer es abrir el corazón y la mente y permitir que entre en nosotros.

La alquimia de la cocina se ha transmitido de generación en generación, y forma parte de las historias y el folclore de casi todos los países del mundo. Se trata de una tradición abierta a todos, tanto a reposteros experimentados como a aquellas personas que están iniciándose en este camino lleno de harina y polvo de estrellas.

# ¿QUÉ ES UNA BRUJA DE LA COCINA?

*«Practicidad, simplicidad, creatividad, belleza, amor;*
*todos estos son los componentes de la magia de la cocina,*
*algo que puede transformar nuestra forma de vivir».*

*Patricia Telesco*

En su sentido más auténtico, la magia, que incluye tanto encantamientos como sabiduría y transformación, nunca ha sido «algo que está ahí fuera», algo al alcance de unos pocos; las brujas de la cocina saben que sólo podemos acceder a la magia más sencilla a través de las acciones de la vida cotidiana y de las tareas que realizamos en nuestros propios hogares. Es esta una magia que no sólo nos transforma a nosotros mismos, sino también a todos aquellos con los que nos relacionamos y el mundo en el que vivimos, el mismo que nos ofrece los maravillosos productos que utilizamos en nuestras cocinas todos los días.

Tal vez deberíamos empezar diciendo que, pese a que para algunas personas la palabra «bruja» suele tener distintas connotaciones, en este contexto nos referimos simplemente a alguien que ha elegido seguir y honrar las estaciones y los ritmos del calendario, un camino que también incluye las rutinas domésticas de nuestra vida. Las brujas de la cocina consideran estas rutinas como la forma de conectar con la magia cotidiana, ¡y sin moverse de su propia casa!

Aunque en las siguientes páginas encontrarás más información sobre la magia en la cocina, aquí tienes algunas sencillas pautas para iniciar tu propio camino mágico. (Prefiero no usar la palabra «normas» en este contexto).

◆ La magia de la cocina consiste en aprovechar y disfrutar de los sencillos regalos que nos ofrecen las estaciones.
◆ Las brujas de la cocina buscan la simplicidad y respetan a la Tierra procurando no malgastar sus valiosos recursos.
◆ Las brujas de la cocina muestran su gratitud por la abundancia que reciben, y comparten dicha abundancia con los demás.
◆ Las brujas de la cocina saben que para poder aceptar con sinceridad nuestro propio poder y gracia, primero debemos alimentarnos, tanto física como espiritualmente.
◆ Por encima de todo, las brujas de la cocina disfrutan con sencillez y alegría tanto de sus cocinas como del trabajo que realizan en ellas.

# COCINAR CON LOS ELEMENTOS DE LA **MADRE TIERRA**

Es importante recordar que la repostería invoca la magia de los cuatro elementos: tierra, agua, fuego y aire. Son elementos muy poderosos, tanto para la vida cotidiana como para la magia y otros rituales avanzados. Los ingredientes que utilizamos forman parte de estos elementos, convirtiendo los alimentos que consumimos en ingredientes mágicos que nos sanan y nutren en el proceso.

## TIERRA

El elemento tierra representa el crecimiento, la estabilidad, la abundancia, la prosperidad, la fertilidad y el equilibrio. Aunque prácticamente todos los alimentos que consumimos tienen algún vínculo con la tierra, entre los alimentos e ingredientes especialmente vinculados al elemento tierra encontramos los cereales (de todo tipo), el trigo, la levadura, el maíz, el pan, la avena, los cacahuetes, las patatas, la remolacha, la sal y la cerveza.

## AGUA

El agua simboliza los sueños, las emociones, la limpieza, la curación y la adaptabilidad. Los ingredientes del agua incluyen: el pescado, la miel, la leche, el chocolate, la sal marina, la mantequilla, el queso, las manzanas, el aguacate, la col, el limón, el melón, la mora, el tomillo, el té y el vino.

## FUEGO

El fuego representa todo el calor y la pasión de la vida, además del coraje, los nuevos comienzos y la protección frente a fuerzas negativas. Para el elemento fuego busca ingredientes como las naranjas, las aceitunas, la cebolla, los espárragos, la pimienta negra y la de cayena, las guindillas, el cilantro, el ajo, el jengibre, la mostaza, la nuez moscada y el café.

## AIRE

El elemento aire simboliza los sueños, la comunicación, el aliento, la fuerza vital y la energía invisible. Entre los ingredientes del aire encontramos el huevo, el pan levado, la uva, la hierbabuena, la lavanda, la salvia, la bergamota, el perejil y el zumo de frutas.

Y después está el quinto elemento, intangible pero maravillosamente poderoso: el espíritu. Se trata del elemento singular que todos aportamos a nuestras intenciones, acciones y propósitos. El espíritu es lo que somos, lo que permite que el resto de los elementos fluyan al unísono con una magia hermosa y encantadora. Obviamente, la palabra «espíritu» puede tener diversos significados en función de cuales sean nuestros antecedentes personales, sistema de valores y experiencias vitales. Para mí, como bruja de la cocina, la espiritualidad siempre ha estado basada en la vida cotidiana, en la magia sencilla que podemos encontrar en ella, siempre y cuando decidamos verla.

Sólo podemos alcanzar un estado de alegría y magia a través de un viaje personal. Ésta es una parte de la historia de mi viaje: aunque siempre me ha gustado cocinar y preparar tartas, nunca pensé que podía ser el camino que me condujera hacia el espíritu y la magia. Sin embargo, eso cambió hace unos años, tras pasar por una experiencia personal bastante difícil y dolorosa. Era consciente de que tenía que hacer algunos cambios decisivos en mi vida (y lo hice, además de mudarme a una nueva ciudad y estudiar herboristería holística y técnicas de sanación), pero lo más importante que hice fue darme cuenta de que, cuando estaba en mi pequeña cocina, me sentía más conectada con la Tierra y más en paz conmigo misma. El simple hecho de dejar levar una masa para galletas o hacer una hogaza de pan ayudaba a que mi espíritu despertara; empecé a recuperar la capacidad de asombro y la esperanza, tanto por mí misma como por el resto del mundo. Eso es, en definitiva, el verdadero significado de la magia.

# COCINAR CON **SENCILLEZ**

*Madre Tierra, te honro a ti y a los regalos que nos ofreces*
*en abundancia. Me siento realmente bendecida.*
*Que todo lo que salga de esta cocina sea respetuoso*
*con tus dones, y que todo se haga con un espíritu*
*de simplicidad, gracia y auténtica gratitud.*
*Gracias.*
*Que así sea.*

Vivimos en una época con más opciones y alternativas para nuestra vida de las que hemos dispuesto nunca. Parece como si no hubiera nada que no pudiéramos hacer, tener, ser o adquirir, tanto en el plano físico como en el tecnológico. Sin embargo, para tener todo eso debemos pagar un alto precio. Muchas personas se sienten cansadas, estresadas y ansiosas la mayor parte del tiempo, tanto por lo que sucede en sus vidas como en el mundo en general. ¿Te sientes identificada? A veces parece que la vida no es más que una rueca a la que nos aferramos lo mejor que podemos.

Quizá sea ésta una de las principales razones por las que mucha gente está volviendo, por así decirlo, a un lugar más sencillo y a un tiempo más tranquilo, un tiempo en el que los hogares eran el apacible centro de la vida y donde cada día se desarrollaba sosegadamente, sin prisas. La magia de la cocina es una las formas más poderosas de encontrar ese camino en nuestras vidas, un camino basado en la simplicidad y la calma, en el orden y el trabajo creativo y respetuoso con los dones y las energías naturales de nuestro mundo.

Una bruja de la cocina elige los ingredientes con esmero y se fija en cómo y dónde se cultivan, preferiblemente cerca de casa. Y siempre elige lo más orgánico y natural.

La sencillez también es aplicable al propio entorno físico de la cocina, aunque tampoco es necesario que sea un espacio perfectamente ordenado y minimalista (¡mi cocina no lo es!). Podemos reducir el desorden y organizar nuestra cocina de un modo que nos resulte útil, pero que, a la vez, refleje quiénes somos y cómo vivimos y cocinamos. Una decisión extremadamente mágica consiste en comprar y guardar sólo aquellas cosas que realmente usamos a diario, o al menos con frecuencia. (Y os lo dice alguien que ha llegado a tener dieciséis cuencos para las mezclas de todas las formas y tamaños posibles; cuando los compré, siempre me decía que «algún día» los usaría).

Una cocina sencilla y bien organizada favorece la creatividad y la magia a muchos niveles distintos, y garantiza que el tiempo que pasamos en ella nos resulte agradable y productivo.

Las recetas de una bruja de la cocina también deben ser opciones sanas, respetuosas con el medio ambiente, apropiadas a la estación del año en la que nos encontramos y asequibles. Obviamente, hay veces que podemos ser un poco más extravagantes, quizás para una celebración especial, pero, en general, debemos cocinar de forma sencilla y frugal, con amor y respeto por la Tierra y todo lo que hay en ella, incluidas nosotras mismas.

# COCINAR CON EL RITMO DE LAS ESTACIONES

El mundo en que vivimos está, y siempre lo ha estado, marcado por el paso de las estaciones, cada una de las cuales con su propia belleza, dones y desafíos. Todo el mundo anhela estar conectado a la Tierra y a sus congéneres, y los ciclos de la naturaleza nos recuerdan esto de un modo poderoso y ancestral. El calendario pagano, también conocido como la Rueda del Año, se ha utilizado durante siglos para marcar las estaciones y los ciclos vitales. De hecho, casi todas nuestras tradiciones hunden sus raíces en la antigua sabiduría de la Tierra, como, por ejemplo, el seguimiento de los movimientos de la Luna y las estrellas, los solsticios solares, los ritos de fertilidad, etc.

Como brujas de la cocina, podemos honrar y celebrar estos cambios estacionales de una manera sencilla pero significativa, creando y compartiendo alimentos y celebrando banquetes en cada una de las estaciones, teniendo siempre en cuenta que no sólo debemos agradecer a la Madre Tierra los abundantes regalos que nos proporciona, sino también profundizar en nuestra conexión espiritual con dichos dones, así como con las personas que nos rodean.

Siempre que sea posible, debemos utilizar ingredientes de temporada, o aquellos asociados a una época o festival concreto; también reconocemos los dones del Sol y de la Luna, y su influencia sobre nosotros, tanto a nivel emocional como físicamente. Por encima de todo, nos gusta florecer en todas las épocas del año, aportando a nuestras cocinas y a nuestras vidas un sentido de conexión y asombro ancestral pero vigente.

- **INVIERNO**: una estación de introspección y descanso, un tiempo para conectar y estar en paz mientras apreciamos los acontecimientos y las lecciones del año que está a punto de terminar; esta época lleva consigo la sabiduría fría y mística de la Luna.

- **PRIMAVERA**: la época del despertar, de los nuevos propósitos, del crecimiento y la esperanza; es un tiempo para los sueños y la creatividad, para dar vida a nuevos proyectos y explorar todo nuestro potencial, ¡también en la cocina!

- **VERANO**: animado por la potente energía del Sol, el verano está lleno de posibilidades y pasión, de una vida en abundancia, aquí y ahora.

- **OTOÑO**: a medida que la Rueda del Año gira lentamente, también nosotros debemos empezar a prepararnos para el cambio, al tiempo que celebramos la cosecha que recibimos; es una época para la gratitud, pero también para compartir nuestras numerosas bendiciones y lecciones.

Durante la Rueda del Año se celebran ocho grandes festivales:

*Samhain (Halloween):*
31 de octubre

*Yule:*
21 de diciembre, solsticio de invierno

*Imbolc (la Candelaria):*
2 de febrero

*Ostara:*
21 de marzo, equinoccio de primavera

*Beltane:*
1 de mayo

*Litha:*
21 de junio, solsticio de verano

*Lammas:*
1 de agosto, tradicionalmente la fiesta de la cosecha

*Mabon:*
21 de septiembre, equinoccio de otoño

# HERRAMIENTAS MÁGICAS

## ✳ UTENSILIOS

En cuanto a los utensilios de la cocina de una bruja, sólo debes recordar algunas cosas básicas. En primer lugar, intenta usar sólo acero, cobre o cristal para cacerolas y similares. El aluminio suele ser más barato, pero tiene menos cualidades mágicas y puede filtrarse en los alimentos. Para los cuencos recomiendo el vidrio o la cerámica. Estos materiales contienen poderosas energías terrestres de estabilidad y abundancia. Lo mismo es aplicable para los moldes y las bandejas de horno.

También necesitarás un mortero y una maja: el accesorio por excelencia de las brujas de la cocina. Aunque puedes seguir usando una picadora o batidora eléctrica, hay algo especial, y auténticamente mágico, en el hecho de moler especias y hierbas en un mortero.

Necesitarás varias cucharas de madera (o bambú), de diferentes tamaños, y también una o dos espátulas. Y cuchillos, otra herramienta esencial de toda bruja... Yo tengo varios, grandes y pequeños, y te animo a que compres los mejores que puedas permitirte. Con los cuchillos, lo barato no es sinónimo de mejor, ya que no funcionarán bien ni serán tan eficaces.

Ninguna cocina que se precie está completa sin una escoba –obviamente para limpiar y recoger la basura a diario–, pero si quieres darle un toque mágico, también puedes tener otra escoba más pequeña. La mía mide unos 30 cm y tiene un mango de madera tallada y cerdas de caña natural. La uso sólo para fines mágicos y rituales, y le he atado al mango unas cuerdecitas de plata y cuero de las que cuelgan varios cristales transparentes, como las amatistas, para absorber las energías negativas y fomentar la alegría y la armonía, tanto dentro de la cocina como en el resto de la casa. Me encanta barrer simbólicamente las encimeras y la mesa de la cocina al menos una vez al día con esta pequeña escoba: ayuda a despejar y limpiar los residuos psíquicos y físicos.

# ✴ ALTAR DE COCINA

Aunque un altar de cocina puede ser pequeño y sencillo, es una parte importante de la cocina mágica, ya que es un sutil y significativo recordatorio de las poderosas energías presentes en nuestra cocina y de los dones de la Tierra que utilizamos en ella. Te recomiendo que, para empezar, uses una pequeña bandeja o una cesta no demasiado profunda, algo que quepa fácilmente en un estante o el alféizar de la ventana, o en la mesa de la cocina, si tienes espacio para ello. El altar de cocina debe estar fuera del alcance de niños pequeños y mascotas.

En el centro del altar debe haber una vela, preferiblemente blanca y sin adornos. La vela también representa el elemento fuego y puede estar rodeada de símbolos de los otros elementos: cristales o guijarros para la Tierra, una pluma para el aire y un pequeño plato de agua salada. El resto del altar dependerá de tus gustos personales: un pequeño jarrón de flores o hierbas de temporada, fotos especiales para ti, sobre todo de aquellas personas que han cocinado contigo a lo largo de los años. En mi altar, yo siempre tengo una foto diminuta de mi madre y mi tía abuela, ya que ellas dos jugaron un papel crucial en muchos aspectos de mi vida. Ésta es la forma que elijo yo de recordarlas y honrarlas. También tengo un pequeño búho (para la sabiduría) y un ángel de madera que me regaló un amigo que ya no está con nosotros. Puedes añadir o cambiar los objetos de tu altar cuando sientas la necesidad de hacerlo.

# GRIMORIO DE COCINA

Ya sabes que escribir un diario es una poderosa herramienta para el crecimiento personal y el autoconocimiento. Hace más de 20 años leí por primera vez *El camino del artista*, de Julia Cameron, y todavía le atribuyo el mérito de haberme dado la idea y el valor para dedicarme a escribir profesionalmente. Pero un grimorio de cocina (también conocido como Libro de las Sombras) es igualmente valioso para las brujas de la cocina, no sólo como el lugar donde anotar recetas y experimentos culinarios, sino también como crónica personal de nuestro propio viaje mágico, tanto en la cocina como fuera de ella.

Cuando cocinamos, a menudo descubrimos cosas que nos conectan con nuestra alma y nuestro espíritu; por ejemplo, a través de una receta recordamos a una persona o un momento importante de nuestra vida. El grimorio de la cocina es el lugar ideal para anotar ese tipo de cosas, así como cualquier idea o cambio que queramos asumir; es un lugar para los pensamientos especiales y las citas que nos han emocionado, para los sueños, las ideas de rituales, etc. Guárdalo en un lugar de fácil acceso: el mío está en una estantería junto a unos cuantos libros de cocina que aprecio y utilizo habitualmente. Y no te preocupes si las páginas se manchan; el grimorio es, ante todo, un libro de trabajo y acción. Hemos incluido algunas páginas al final del libro que puedes utilizar para este tipo de reflexiones. Espero que se conviertan en el germen de tu propio grimorio de cocina.

Ink

# ANTES DE EMPEZAR...

Antes de empezar a cocinar –de hecho, antes de emprender cualquier empresa mágica en la vida–, debemos seguir algunos pasos sencillos que mejorarán y bendecirán nuestras acciones, ayudándonos a desarrollar nuestra magia...

Una lección importante: los alimentos que preparamos son un reflejo externo de cómo nos sentimos, tanto emocional como físicamente. Habrá momentos en los que nos sintamos enfadados, cansados, deprimidos o ansiosos..., y para asegurarnos de que las energías negativas no se transfieran a los alimentos que preparamos, existen unas cuantas técnicas sencillas para recuperar un estado de ánimo más sereno y alegre.

◆ Podemos utilizar un atomizador muy fácil de preparar para purificar y bendecir nuestra cocina. Llena hasta la mitad una botellita con agua destilada y, después, añade 120 ml de agua de rosas y 5 gotitas de aceite esencial de lavanda y de flores de naranjo. Agítalo bien y añade unas gotas de extracto de vainilla; rocía ligeramente con la mezcla las esquinas y encimeras de la cocina.

◆ En primer lugar, debemos conectarnos con el momento; si puedes, enciende una vela de lavanda o incienso, o añade unas gotitas del aceite esencial a un pequeño quemador. (Estos dos aceites tienen propiedades calmantes y estimulantes). Quítate los zapatos y colócate frente a la vela o cerca de una ventana abierta. Relaja los hombros y apoya los pies firmemente en el suelo mientras sientes cómo te sostiene la Tierra. Inspira lentamente por la nariz y suelta el aire por la boca. Hazlo tres veces. Deja que las energías negativas se filtren hacia la Tierra y siente una renovada sensación de alegría y paz.

◆ A continuación, debes fijar tus intenciones. Hemos decidido cocinar algo, pero con qué intención. ¿Lo hacemos por nosotros, para los demás, con un propósito o simplemente porque sentimos la necesidad de preparar algo en este momento? Podemos establecer nuestra intención con el pensamiento, o pronunciando unas palabras que nos ayuden a verlo con mayor claridad.

◆ A nivel práctico, debes reunir todo lo necesario para crear tu magia culinaria. Esto incluye los ingredientes, utensilios, moldes y bandejas de horno, el libro de recetas, etc. La bruja de la cocina siempre está perfectamente preparada y (¡eso espero!) nunca le falta un ingrediente básico en el momento menos oportuno.

◆ Cuando preparamos la receta, es muy importante estar presente en cada momento mientras trabajamos paso a paso, sin distraernos con pensamientos que nos hagan precipitarnos o desviarnos de la tarea que tenemos entre manos. Sólo con estar plenamente presentes, paso a paso, podemos convertir la actividad más sencilla en una actividad mágica y llena de energía.

◆ Mientras se cocinan los alimentos, tenemos la oportunidad de sentarnos y reflexionar, a poder ser en nuestra silla de cocina favorita. Dedicar unos momentos a la reflexión es el mejor regalo para nuestro bienestar que podemos hacernos todos los días. También es el momento perfecto para escribir en nuestro diario mágico de cocina o grimorio.

◆ Mientras nuestros pasteles están en el horno, podemos limpiar y ordenar. Recuerda barrer en pequeños círculos, en el sentido de las agujas del reloj, cuando busques nuevas energías positivas, y en sentido contrario a las agujas del reloj cuando quieras eliminar cualquier tipo de vibraciones negativas o problemáticas. (Esto asimismo se aplica al remover masas u otras mezclas de alimentos). También puedes barrer el suelo de la cocina (con una escoba más grande) desde el centro hacia fuera en círculos cada vez más amplios; esto tiene el mismo efecto que barrer las energías negativas o inútiles.

◆ Por último, debemos terminar reconociendo los resultados de nuestro trabajo en la cocina, incluso cuando, como ocurre a veces, éste·no sea tan satisfactorio como nos gustaría. El mero hecho de que podamos comprar (o cultivar) los ingredientes y que tengamos una cocina en la que trabajar, con calefacción y luz y las demás cosas que necesitamos, es en sí mismo un motivo de celebración y gratitud. Cuando acabemos de cocinar (¡y hayamos limpiado la cocina!), enciende una vela aromática de rosa, jazmín o geranio y pronuncia en voz baja las siguientes palabras:

*Bendita sea mi cocina.*
*Benditas sean las creaciones de mis manos,*
*y los ingredientes que provienen*
*de esta hermosa Tierra.*
*Que siempre comparta y honre*
*estas bendiciones, y*
*que la dulce magia forme parte*
*de mi vida, ahora y siempre.*
*Que así sea.*

## ✳ MEZCLAS MÁGICAS PARA PURIFICAR NUESTRA COCINA

Para que nuestras cocinas sean aún más mágicas, a menudo es buena idea recurrir a la aromaterapia creando mezclas aromáticas que añadir a las velas, incienso u ollas a fuego lento (cazuela llena de agua mineral que se lleva a ebullición y a la que se añaden hierbas y especias mágicas).

Si quieres disfrutar de una sensación de paz y tranquilidad en tu cocina (y en tu interior) –especialmente si ha habido problemas o conflictos en el hogar–, mezcla los siguientes elementos: 60 ml (¼ de taza) de aceite de almendras dulces, 4 gotitas de aceite esencial de lavanda, 3 gotitas de aceite de incienso y la cáscara seca y rallada de un limón. Mézclalo todo bien y guárdalo en una pequeña botella de cristal oscuro; añade unas cuantas gotas de este aceite purificador y estimulante a un pequeño hornillo u olla, como se sugiere más arriba.

Para obtener alegría y protección en la cocina, sigue la receta anterior, pero sustituye la lavanda y el incienso por 4 gotas de aceite de romero y tomillo y 2 gotas de aceite de hierbabuena; también se puede incluir ralladura de limón.

# GLOSARIO DE INGREDIENTES

La siguiente es una lista con la mayoría de los ingredientes cotidianos que utilizamos en la repostería; pese a no ser completa, la lista servirá como introducción para aquellos ingredientes que utilizamos más a menudo, además de darnos algunas ideas sobre sus propiedades mágicas y curativas.

Antes de preparar algo, es bueno detenerse unos instantes para darle las gracias a los alimentos por las energías que nos aportan. A mí me gusta disponer los ingredientes que voy a utilizar en una bandeja adecuada (en realidad, ésta es una buena costumbre en la cocina, conocida como *mise-en-place*)* y decir la siguiente bendición/mantra:

*Me siento/nos sentimos bendecidos por esta comida.*
*Nos sentimos realmente bendecidos por los dones que nos*
*proporciona nuestro abundante y mágico planeta.*
*Que nuestras almas estén siempre agradecidas.*
*Gracias. Gracias.*
*Que así sea. Que siempre lo sea.*

* Todo en su lugar. (*N. del T.*).

# ESPECIAS

La mayoría de las especias podemos encontrarlas enteras o molidas. Aunque es bueno molerlas con el mortero, a veces es más fácil comprarlas ya molidas. Sea cual sea tu elección, recuerda que las especias pierden su fragancia y potencia al cabo de un tiempo; la mayoría de ellas deben consumirse en menos de un año. Guárdalas siempre en tarros de cristal, con tapas herméticas, en un lugar fresco, oscuro y alejado de la luz directa.

## ✴ ANÍS

Pequeñas semillas con un delicado sabor anisado/a regaliz; se venden enteras o molidas. Maravillosas para aromatizar panes, galletas, pasteles o postres; según la tradición, ahuyentan las pesadillas y otros miedos, y ayudan en la protección, adivinación y la buena suerte. El anís estrellado, que es una especia distinta, también tiene propiedades similares; se vende entero y hay que machacarlo antes de incorporar una pequeña cantidad a la receta. Como alternativa, las vainas enteras pueden remojarse en el líquido utilizado para la receta y después retirarse; habrán perfumado el líquido con su aroma y sabores únicos y deliciosos.

## ✴ CARDAMOMO

Utilizado en todo el mundo para recetas de repostería y como ingrediente fundamental del té chai, las semillas están disponibles enteras o molidas; yo prefiero triturarlas justo antes de usarlas, ya que así no se pierde nada de su sabor único y cálido. Se dice que el cardamomo aporta claridad, ayuda a elevar nuestro estado de ánimo y también está vinculado al aumento del amor y la pasión en nuestras vidas. Casa muy bien con platos de fruta y, curiosamente, también con el chocolate.

## ✴ CANELA

Probablemente la especia más utilizada en la repostería, la canela es muy poderosa y ha sido utilizada desde la antigüedad para fomentar la creatividad, curación, purificación y protección en todos los aspectos de la vida. Tiene una gran afinidad con las recetas horneadas (de todo tipo) y con los postres cremosos; espolvoréala en cualquier receta adecuada cuando necesites añadir una pizca de poder espiritual, coraje y una mayor creatividad. Y, por supuesto, la forma más sencilla de acceder a su magia consiste en espolvorearla sobre el primer café de la mañana.

## ✴ CLAVO

Es mejor comprarlos enteros y molerlos justo antes de usarlos, de lo contrario pierden su aroma y sabor característicos, además de su

frescura. Muy habituales en la repostería de los días festivos y en las mezclas de especias, debe usarse con moderación, de lo contrario tiende a dominar el gusto; tienen fama de ser muy eficaz para la eliminación de las energías negativas y la creación de una mayor armonía, tanto personal como de pequeños grupos. El clavo es la especia de la amistad, el amor y la prosperidad, y funciona muy bien en platos con todo tipo de fruta, aunque casan especialmente bien con las manzanas. Añádelos a las tartas o postres de manzana.

## ✳ JENGIBRE

Otra especia tradicional y popular en la repostería, puede comprarse fresco, seco y molido, o también encurtido o confitado. Si utilizas jengibre fresco, pela la raíz y después pícala o rállala finamente. (Tiene un sabor muy potente, así que debe usarse con moderación). El jengibre seco molido puede usarse en cualquier momento para añadir un toque mágico y curativo a todo tipo de

repostería; es genial para aumentar tu poder personal y bienestar a todos los niveles, además de fomentar la pasión: ¡es útil saberlo!

## ✳ NUEZ MOSCADA

La nuez moscada es otra especia muy conocida que lleva utilizándose desde hace mucho tiempo, especialmente en la cocina de Oriente Medio e India. Se vende tanto molida como entera, pero es mejor molerla fresca antes de usarla, pues pierde su fuerza rápidamente. Como especia mágica, la nuez moscada está relacionada con la prosperidad, la buena suerte y la protección, tanto a nivel físico como emocional. Es deliciosa espolvoreada sobre natillas y postres cremosos o añadida a pasteles de frutas o especiados.

# ✱ PIMIENTA

Probablemente una de las especias más conocidas, utilizada en multitud de recetas; obviamente, debe usarse con moderación en recetas saladas al horno, pero también es buena (con moderación) combinada con el chocolate o algunos frutos rojos. La pimienta se ha utilizado por sus propiedades mágicas para eliminar los celos y todo tipo de energías negativas; también aumenta la fuerza y la confianza personal. La mezcla de bayas de pimienta negra molida con cantidades iguales de chile seco en polvo, pimentón y comino molido no sólo es ideal para muchas recetas saladas al horno, sino que también sirve para proteger nuestra cocina y otros espacios de la casa. Espolvorea la mezcla en las esquinas de las habitaciones, pero fuera del alcance de niños pequeños y mascotas.

# ✱ AZAFRÁN

El azafrán, los estambres secos del croco, es una especia muy antigua que aparece ya en la mitología egipcia y griega. Al parecer, su brillante y alegre color aumenta la energía y los poderes psíquicos y disipa la tristeza. Aunque no es barata, una pequeña cantidad aporta un sabor delicado y agradable a las recetas horneadas, por lo que no es de extrañar que se haya utilizado desde hace siglos. Un consejo: hay quien sustituye el azafrán por la cúrcuma, una alternativa más barata, aunque el sabor no es el mismo.

# HIERBAS AROMÁTICAS

Existen muchas hierbas aromáticas para usos mágicos en la cocina, pero aquí me he concentrado en algunas de las más populares para la repostería dulce y salada; además, son bastante fáciles de obtener o cultivar. Por lo general, prefiero las hierbas frescas, pero a veces eso no resulta práctico. No te preocupes, las hierbas secas también tienen propiedades mágicas. De hecho, algunas hierbas, como el romero y la salvia, son más potentes secas. Normalmente, si una receta requiere hierbas frescas y tienes que sustituirlas por secas, utiliza aproximadamente la mitad: una cucharada en lugar de dos, y así sucesivamente.

# ✳ ALBAHACA

La albahaca (en todas sus maravillosas y fragantes formas) es una hierba muy antigua que, tradicionalmente, se ha vinculado a todo tipo de protección mágica, así como a la eliminación de las malas vibraciones. De hecho, era conocida como «la hierba de la bruja». Utilízala siempre que desees fomentar la energía positiva, la abundancia y la felicidad en general. La albahaca se utiliza principalmente en platos salados, pero también puede añadirse en pequeñas cantidades a pasteles y masas de galletas. Asimismo, se pueden añadir unas cuantas hojas secas a polvos protectores, mezclas de incienso y productos similares para aprovechar su magia en la cocina o el hogar.

# ✳ AJO

Aunque no siempre se lo considera una hierba, el ajo es un aliado tan poderoso de la bruja de la cocina que no puedo dejarlo fuera. Aunque, obviamente, se utiliza principalmente en la repostería salada, sobre todo en panes, bollos y magdalenas de todo tipo, al ajo se le atribuyen poderes que van desde el alivio de la negatividad y la depresión al aumento de la fuerza y la voluntad. El mero hecho de colgar una ristra de ajos en la cocina puede ser un acto mágico, y al parecer también ayuda a mantener alejados a los visitantes indeseados. Añadir un poco de ajo a la sal es una buena forma de aportar su magia a tu repostería, y también a tu cocina.

# ✳ LAVANDA

Puede que ésta sea una de las hierbas/flores más queridas y apreciadas del mundo, y con razón. Pueden utilizarse en la cocina tanto las hojas como las flores, secas o frescas, aunque las secas son más intensas. (Si compras lavanda seca para cocinar, asegúrate de que es adecuada para usos culinarios). La lavanda está llena de aceites mágicos que ayudan a sanar el cuerpo y la mente, y es un excelente calmante cuando la vida nos pasa por encima. También va muy bien para el dolor de cabeza y para conciliar el sueño. Un poco de aceite de lavanda rociado sobre una vela aporta una sensación de calma (además de un delicioso perfume para tu cocina). Recuerda también que, aunque no lo parezca, es una hierba muy fuerte, así que utilízala con moderación en tus recetas.

# ✳ MELISA

Sagrada para la diosa Diana y conocida desde hace más de 2000 años en Grecia, la melisa se ha utilizado como hierba curativa, para la magia amorosa y (aparentemente) para fomentar una vida larga y saludable. En la actualidad se utiliza en aromaterapia para aliviar la ansiedad y la depresión, y como tónico nervioso. Puede que mucha gente crea que sólo es un ingrediente para las infusiones, pero también puede utilizarse en repostería. Las hojas pueden picarse finamente y añadirse a las masas, o simplemente pueden espolvorearse bajo la masa del pan o de un pastel antes de hornearlo.

# ✳ HIERBABUENA

Es difícil saber por dónde empezar a hablar de las propiedades curativas y mágicas de la menta o hierbabuena. Tiene muchísimas; su peculiar aroma y sabor nos refresca, calma y protege nuestro cuerpo y nuestra mente. También es una hierba protectora que puede

utilizarse para eliminar energías negativas, tanto a nivel personal como en nuestro entorno. Utiliza la hierbabuena (con moderación) en la repostería, especialmente en recetas con frutos rojos, chocolate, cítricos o frutas con hueso, como los melocotones. Si añades unas cuantas hojas de hierbabuena fresca a un vaso de agua mineral conseguirás una bebida refrescante y estimulante; también puedes añadirla a infusiones o tés negros.

## ✳ ORÉGANO

Para los griegos y romanos era la hierba del amor y la fidelidad, y para aumentar la felicidad y la paz en el hogar. Útil para combatir la ansiedad y los miedos de todo tipo, reales o imaginarios, y también para mejorar la concentración. Por lo general, el orégano sólo se usa en la repostería salada, especialmente en panes, tartas y pasteles. Es fabuloso en combinación con tomates o queso. Utiliza tanto el orégano seco como el fresco abundantemente en tu cocina, y cuelga un manojo seco en la puerta de la cocina como protección y para fomentar la buena salud.

## ✳ ROMERO

Una hierba realmente hermosa, que ayuda a mejorar la cognición y la memoria. Utilízala en la cocina para añadir sabores mágicos y protección contra los peligros físicos y emocionales. Las hojas pueden usarse frescas o secas, pero siempre con moderación, pues es una hierba muy potente que puede llegar a resultar abrumadora. Su sabor funciona muy bien en panes y otros productos horneados, así como en postres; con ella también puede hacerse un estupendo jarabe de hierbas. Sólo con tener unas ramitas de romero fresco sobre la mesa de la cocina o el alféizar de la ventana te levantará el ánimo y agudizará tu concentración.

Es también una de las hierbas tradicionales asociadas al recuerdo de los antepasados y seres queridos que ya no están con nosotros.

## ✳ SALVIA

Aunque existen muchos tipos de salvia, aquí nos centraremos en la popular salvia de jardín, la cual tiene también diversas aplicaciones tradicionales tanto en la medicina como en la alimentación o la magia. La salvia blanca se ha utilizado tradicionalmente en rituales de purificación, adivinación y limpieza energética. La salvia común también sirve, y puede añadirse a mezclas de incienso, aunque yo prefiero usarla de forma más sencilla, en recetas de todo tipo, o añadiéndola a almohadas o fardos. La salvia limpiará y protegerá tu cocina (o cualquier otra habitación de la casa); también nos ayuda a cumplir nuestros sueños y deseos. Al parecer, si escribes tu deseo en una hoja de salvia y la quemas, éste se hará realidad.

## ✳ TOMILLO

Esta hierba, con sus fragantes hojitas y diminutas flores, se presenta en muchas formas culinarias y medicinales. Mi favorita es el tomillo limonero, el cual combina muy bien con todo tipo de productos horneados. El tomillo es una hierba con potentes propiedades curativas tanto a nivel físico como emocional; también se dice que aumenta el valor y la fuerza mental, y ha sido utilizado durante siglos con este propósito. Una tisana con hojas secas o frescas te ayudará a dejar atrás el pasado y eliminar todo tipo de bloqueos emocionales. Combinado con la lavanda o el romero, se convierte en una poderosa mezcla de hierbas que puede utilizarse para hacer fardos o incienso, los cuales eliminarán la negatividad de cualquier espacio.

# FRUTOS SECOS, SEMILLAS Y FRUTA DESHIDRATADA

## ✴ ALMENDRAS

Un fruto seco muy versátil y popular disponible de muchas formas: enteras, picadas, molidas (harina de almendra); es un fruto seco que nunca falta en mi cocina, pues lo suelo usar en galletas y pasteles, y molido, para hacer maravillosas creaciones como los macarrones.* El almendro siempre ha tenido poderes mágicos, y lo mismo ocurre con sus pequeños frutos, los cuales sirven para aumentar la prosperidad, crear poderosos vínculos amorosos o reforzar nuestra intuición y poderes psíquicos.

---

*  Galleta tradicional de la gastronomía francesa. (*N. del T.*).

## ✴ COCO

El coco está disponible de muchas formas: enteros, leche o crema, rallado, harina… ¡y mucho más! Tradicionalmente asociado a la protección del hogar y de las personas que lo habitan, es un fruto muy femenino, con un montón de energía lunar pura. Puede añadirse agua de coco a los productos de limpieza para intensificar la purificación y limpieza de los espacios.

## ✴ DÁTILES

Esta fruta dulce y pegajosa ha existido desde (prácticamente) el inicio de los tiempos; sagrada en Babilonia, Persia y la antigua Grecia, el dátil se utilizaba como ofrenda a los dioses y estaba relacionado con el más allá y la reencarnación. Se utilizan en muchas recetas de repostería, especialmente pasteles, panes para el té y púdines; trata de consumirlos lo más frescos posibles, y si puedes encontrar dátiles Medjool, éstos son especialmente dulces y deliciosos.

## ✴ AVELLANAS

Al igual que las almendras, las avellanas llevan utilizándose en la repostería desde tiempo inmemorial; pueden utilizarse enteras, troceadas o en harina. Este fruto pequeño y redondo tiene numerosos poderes místicos y, además, es sagrado para Tor, el dios nórdico.

Se dice que comer avellanas aumenta nuestros poderes psíquicos y nuestra intuición. También permite ver hadas, que, al parecer, son muy aficionadas a este fruto seco. Si ensartas avellanas en un cordón fino, o las añades a tu altar de la cocina, protegerán tu hogar y aumentarán su poder mágico.

## ✳ NUEZ PECANA

Muy utilizadas en repostería, las nueces pecanas pueden sustituir a las nueces, aunque éstas tienen un sabor ligeramente más dulce. Son un símbolo de éxito y abundancia económica desde hace tiempo. Añade nueces pecanas enteras a tus bolsas mágicas u ofrendas para garantizar el éxito en el trabajo y los negocios.

## ✳ SEMILLAS DE AMAPOLA

Disponibles como pequeñas semillas secas o en forma de pasta, se utilizan habitualmente en panes y en recetas tradicionales de todo tipo. Estas semillas son sagradas para muchos dioses y diosas, en particular Deméter y Perséfone, y durante mucho tiempo han estado asociadas con las brujas de la cocina y con todo tipo de magia. Disfrútalas en todo tipo de recetas, pues propician la calma, la serenidad y la buena suerte. Añádelas a las tartas y galletas de Samhain como señal de respeto y amor por los antepasados.

## ✳ PASAS

Las pasas son, obviamente, uvas deshidratadas y, como tales, contienen la energía de dicha fruta y todo su poder espiritual, conexión y sueños proféticos. Funcionan muy bien con recetas relacionadas con la magia lunar y las deidades, además de ser un símbolo de abundancia.

## ✳ SEMILLAS DE SÉSAMO

Todos hemos visto pan o panecillos espolvoreados con semillas de sésamo. A pesar de su tamaño, estas diminutas y cremosas semillas tienen un gran sabor. Son especialmente sagradas en Oriente, donde se cree que aumentan y fortalecen la fuerza vital y los poderes internos. Están relacionadas con una mayor prosperidad y fortuna y con la búsqueda de la justicia. Espolvoréalas sobre panes y pasteles salados o añádelas a galletas y tartas para obtener un sutil toque mágico. Si combinas el sésamo tostado con la sal marina, obtendrás una mezcla originaria de Japón denominada «gomasio» y que, tradicionalmente, se espolvorea sobre platos calientes, ensaladas, fideos y otros platos similares.

## ✳ PIPAS DE GIRASOL

No es de extrañar que estas semillas rayadas estén llenas de la radiante energía solar, por lo que son un complemento ideal para alegrar recetas de panes y magdalenas; utilízalas para fomentar la prosperidad y la confianza. El girasol está asociado con el chakra de la Corona y, por esta razón, suele estar vinculado a la conciencia psíquica y al crecimiento.

## ✳ NUECES

Estos frutos secos, con su característico sabor ligeramente dulce, pueden utilizarse picadas o molidas; se añaden a todo tipo de productos de repostería tradicional y se dice que traen buena suerte, protección y una mayor fertilidad. Una advertencia: las nueces tienen un alto contenido en aceite y pueden volverse rancias rápidamente, así que comprueba su estado antes de comprarlas o usarlas. Una buena forma de evitar que se pongan malas es guardarlas en el congelador y descongelarlas bien antes de usarlas.

# FLORES

Ésta es una breve lista de algunas de las flores comestibles que pueden utilizarse en repostería o como decoración. Obviamente, es importante asegurarse de que las flores que vayas a utilizar no sean tóxicas y que se hayan cultivado de forma ecológica, sin pesticidas u otros productos químicos nocivos. Consulta siempre una guía de identificación de flores para asegurarte de que se trata de la variedad correcta.

## ✳ CALÉNDULA

Sus brillantes pétalos de color amarillo anaranjado pueden usarse en masas reposteras o para dar color a glaseados y decoraciones. La caléndula tiene mucha energía positiva y está vinculada a la creatividad y la sanación.

## ✳ GERANIO

Esta flor tan perfumada, de la cual existen diversas variedades –las más populares huelen a rosa y limón–, es un maravilloso complemento tanto en la cocina como fuera de ella. Crean una sensación de bienestar, calma y tranquilidad. Las hojas frescas pueden utilizarse para decorar un molde antes de añadir la masa, y también pueden picarse muy finas y añadirse a las masas de pan y pasteles. Las hojas secas resultan un hermoso y apacible complemento para mezclas mágicas de todo tipo, especialmente para la limpieza y purificación.

## ✳ MADRESELVA

Las flores pueden utilizarse para decorar o, tras dejarlas toda la noche en remojo, el perfumado líquido resultante puede colarse y añadirse a las tartas, glaseados, etc. La madreselva trae buena suerte y aumenta la vitalidad mental y física.

## ✳ JAZMÍN

Se trata de una flor con una fragancia conmovedoramente agradable. El jazmín fomenta la armonía y la tranquilidad, y también puede utilizarse en la meditación y otras disciplinas espirituales. Las flores pueden utilizarse en repostería del mismo modo que la madreselva (*véase* más arriba).

## ✳ CAPUCHINA

Tanto las hojas como las flores de esta hermosa flor de jardín son comestibles, pero tienen un sabor muy fuerte, por lo que una pequeña cantidad da para mucho. Desde un punto de vista mágico, la capuchina está vinculada a las energías positivas y los nuevos comienzos, ayudándonos a encontrar una

mayor creatividad y coraje en nuestras vidas.
Aunque estas flores son perfectas para todo
tipo de recetas, quedan geniales en ensaladas
y platos de fruta, pero también pueden
añadirse picadas a pasteles, panes y
magdalenas, así como a postres fríos. Decora
un sencillo pastel o tarta con unas cuantas
flores enteras para darle un toque alegre y
positivo.

## ✶ ROSA

Probablemente la flor más bella y apreciada
desde la antigüedad, las rosas tienen
propiedades mágicas y curativas: son un
poderoso símbolo de amor, autoestima,
belleza, armonía, conexión sexual, creatividad
y mucho más. Me encanta añadir fragancia de
rosas a muchas recetas dulces, como pasteles,
galletas, postres cremosos, natillas y tartas de
queso. El agua de rosas alimentario es un
elemento imprescindible en la cocina de toda
bruja; por favor, compra la de mejor calidad
que puedas encontrar y utilízala con
moderación, ya que su sabor puede ser
demasiado intenso.

## ✶ VIOLETAS

Violetas, violas o pensamientos: todas estas
flores tienen cualidades mágicas y
espirituales, nos ayudan a propiciar
pensamientos tranquilos y relajados, así como
a tener ideas inspiradoras (la palabra
«pensamientos» deriva del verbo pensar).
Las violetas eran muy apreciadas en la época
victoriana para decorar pasteles y púdines.
Para ello, pueden utilizarse las flores frescas
o se pueden cristalizar: con la ayuda de un
pequeño pincel, cúbrelas con una ligera capa
de clara de huevo batida y después
espolvoréalas con azúcar glas. (Esta técnica
también sirve para crear hermosos pétalos
de rosa).

# FRUTAS Y HORTALIZAS

## ✳ MANZANA

Una fruta con una larga historia. Las manzanas forman parte de la mitología de muchas culturas; están regidas por la diosa Venus, pero también son sagradas para muchos otros dioses y diosas. Una de las frutas favoritas de las brujas, sobre todo en Samhain y Halloween, ya que las manzanas están ligadas a los antepasados y a quienes han habitado la Tierra antes que nosotros. Se dice que comer una manzana abre la comunicación con el mundo de los espíritus, además de crear una mayor claridad mental. Existen muchas variedades de manzanas con las que cocinar, explorar y disfrutar. Son especialmente adecuadas para todo tipo de recetas horneadas. No obstante, también podemos acceder a su magia ancestral añadiendo sus gajos a una jarra de agua fría o té helado, o utilizando la cáscara seca de una manzana roja para mezclas purificadoras, líquidos herbales para limpiar o mezclas de incienso.

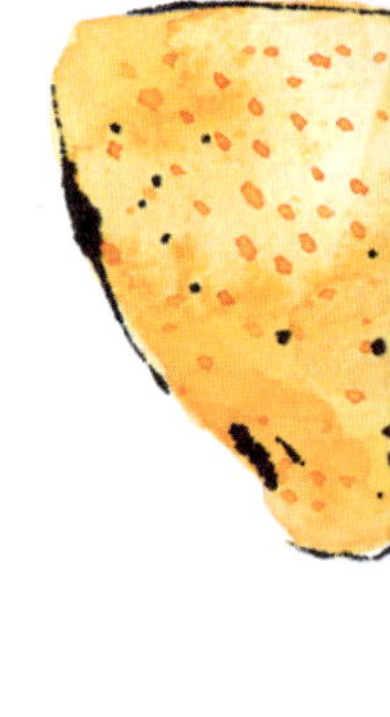

## ✳ PLÁTANO

Otra fruta vinculada a la fertilidad y la pasión, algo comprensible dada su forma. Sagrado para Venus, y también vinculado a la prosperidad y la protección. Además de sus múltiples usos en repostería, el plátano también es un excelente y saludable refrigerio, por lo que siempre debería formar parte de cualquier frutero mágico.

## ✳ ZANAHORIA

Aunque no muy útiles para ver en la oscuridad, las zanahorias tienen muy buenas energías, entre ellas, al parecer, la capacidad de incitar la pasión y la lujuria... ¿quién lo diría? Por eso tal vez la tarta de zanahoria suele denominarse tarta de la pasión. Por supuesto, las zanahorias tienen muchas propiedades masculinas y son sagradas para Marte, el dios de la guerra. Si necesitas estimular tu vida amorosa o quieres aumentar la fertilidad, prueba con recetas como el pan o las magdalenas de zanahoria.

# ✴ LIMÓN

Probablemente una de las frutas más mágicas que existen, muy apreciada por las brujas de la cocina a lo largo de los siglos, los limones poseen propiedades limpiadoras y protectoras tan poderosas que deberían utilizarse muy a menudo en la cocina. Aunque, evidentemente, la ralladura y el zumo de limón fresco puede añadirse a muchas recetas, tanto saladas como dulces, los limones en rodajas son un maravilloso y purificador complemento para tés y bebidas de todo tipo. Añade zumo de limón fresco para líquidos de limpieza y ollas a fuego lento, tanto para la cocina como para cualquier otro lugar de tu casa; las rodajas de limón secas también son un complemento protector muy poderoso para las coronas de hierbas o mezclas mágicas.

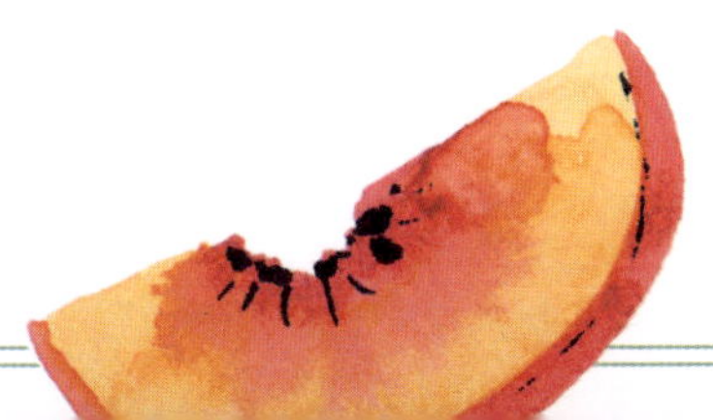

# ✴ NARANJA

La fruta del Sol, con un color, fragancia y sabor que nos anima y levanta el ánimo. Las naranjas limpian y purifican tanto el cuerpo como el espíritu, y podemos añadir su zumo fresco o la cáscara seca a bebidas e infusiones para aumentar nuestra energía. La cáscara seca de naranja y limón, combinada con una vaina de vainilla, es un maravilloso y sencillo incienso con el que propiciar sentimientos cálidos de amistad, conexión y paz.

# ✴ FRUTA DE LA PASIÓN

No es sorprendente que esta pequeña y nudosa fruta de color morado esté vinculada al amor, la amistad y los buenos sentimientos; es sagrada para Venus y está llena de energía femenina. Añádela a todo lo que les prepares a tus seres queridos para lograr que se sientan felices y relajados. También es útil con los sueños, la adivinación y la meditación. Me encanta preparar un sencillo sirope de fruta de la pasión y rociarlo por encima de tartas, helados, merengues y otros dulces.

# ✴ MELOCOTÓN

Una fruta femenina llena de amor, espiritualidad y vinculada a la concesión de deseos. Se trata de una fruta muy venerada en las culturas asiáticas como signo de pureza y longevidad. Prepara postres con melocotones para reforzar el amor y el afecto con tu pareja o los miembros de tu familia.

# ✳ CIRUELA

La ciruela forma parte de la mitología oriental como símbolo de sabiduría y longevidad, además de tener grandes propiedades relajantes y espirituales. Utilízalas en tus recetas horneadas cuando desees aumentar el interés o la pasión de alguien.

# ✳ CALABAZA

En Sudáfrica, donde viví de pequeña, las calabazas se consideran una verdura y suelen servirse acompañadas de carne o en otros platos salados. Sin embargo, son mucho más que eso. No sólo en Halloween, pese a tener una fuerte conexión con el más allá; también son un delicioso complemento para tartas, pasteles y galletas. Además, al estar regidas por la Luna, están relacionadas con la sanación y la magia femenina. Añade semillas de calabaza secas a cualquier mezcla mágica para propiciar una mayor prosperidad y abundancia en tu vida.

# ✳ ARÁNDANOS

Pequeñas y deliciosas frutas con una fuerte carga mágica, las frambuesas pueden utilizarse en todo tipo de hechizos y rituales de protección o para el aumento energético y amoroso; al parecer, también aumentan la fertilidad. Rocía un sencillo sirope de arándanos sobre crepes, gofres y otras recetas horneadas para aumentar los lazos de amor y amistad.

# ✳ FRESAS

Otra fruta sagrada para Venus, estas pequeñas bayas en forma de corazón transmiten amor y pasión, además de ayudarnos a alcanzar el éxito y tener suerte. Las hojas pueden secarse y añadirse a mezclas mágicas o rituales de abundancia y buena suerte. Las fresas nos ayudan a utilizar más el corazón que la cabeza y a crear una vida centrada en el amor, la empatía y la compasión.

# MIEL, AZÚCAR Y OTROS EDULCORANTES

## ✳ MIEL

La miel es uno de los alimentos más antiguos que existen. Es un regalo sagrado de las abejas, seres mágicos que desde hace mucho tiempo se las considera mensajeras de mundos más allá de nuestra percepción. Además, la miel es deliciosa y podemos utilizarla de muchas maneras; añádela a todo tipo de recetas para obtener una pizca de sanación, felicidad, prosperidad y espiritualidad. A las hadas también les encanta la miel y, según las leyendas, si dejas un platito de miel toda la noche en la cocina, te lo agradecerán dejándote un regalo a cambio. Prueba a añadir una cucharada de miel a las infusiones y bebidas a base de hierbas, o rocía un poco sobre las gachas o el muesli para empezar el día con energía. Una de mis especialidades favoritas es la mantequilla de miel, que se prepara fácilmente combinando mantequilla en pomada con unas cucharaditas de tu miel preferida; bate la mezcla hasta que quede cremosa y suave y utilízala sobre tortitas, bollos y tostadas.

## ✳ JARABE DE ARCE

Los arces son árboles muy mágicos y el almíbar que se extrae de su savia contiene las mismas cualidades, como la abundancia, una larga vida, prosperidad y la atracción del amor y la fidelidad. Por desgracia, el auténtico jarabe de arce no es barato, pero, por favor, no uses jarabe de arce de imitación, porque sólo es jarabe de color dorado (de maíz) al que le añaden sabores artificiales.

## ✳ AZÚCAR

Obviamente, el azúcar es un ingrediente muy importante en todo tipo de repostería dulce, y puede encontrarse en muchas formas: normal, moreno, en polvo (superfino), glaseado. A veces tiene mala reputación y, aunque debe limitarse su consumo, yo prefiero el azúcar a los edulcorantes artificiales y sustitutos que pueden encontrarse en el mercado (naturalmente, algunas personas deben usarlos por motivos de salud). Básicamente, el azúcar ayuda a endulzar la vida a muchos niveles, y puede utilizarse para este propósito en rituales mágicos y amorosos; también es un alimento protector, sagrado para el dios hawaiano Kane, y ayuda a alejar las fuerzas malignas.

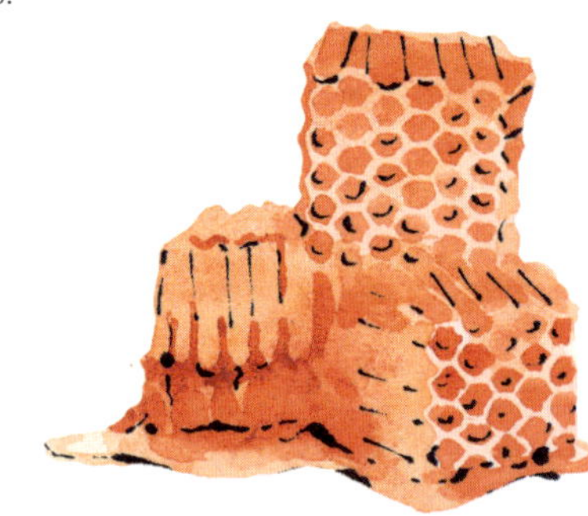

# HARINAS Y CEREALES

Según la tradición, en la antigüedad había siete cereales sagrados: el arroz, la cebada, el maíz, la avena, el mijo, el centeno y el trigo. Durante siglos, estos cereales han mantenido nutridas y sanas a civilizaciones enteras. Son una parte intrínseca de nuestra cocina y repostería actuales, y siguen haciendo magia saludable en la cocina de las brujas.

## ✴ CEBADA

Uno de los cereales más antiguos, vinculado tradicionalmente a las celebraciones de la cosecha, la cebada se utilizaba para la protección, el amor, la conexión con la Tierra y la sanación de problemas emocionales. También es excelente para aumentar la prosperidad, especialmente mezclada con un poco de sal y esparcida en el lugar de trabajo o vivienda.

## ✴ MAÍZ

Ya sea en su forma original o molido en forma de harina de maíz o maicena (almidón de maíz), el maíz es un cereal muy mágico y puede utilizarse en todo tipo de rituales y celebraciones, especialmente los relacionados con la cosecha. El maíz está relacionado con la abundancia y la prosperidad, y si añadimos un poco de harina de maíz a los polvos mágicos, atraeremos más suerte y protección contra las fuerzas negativas. Además, la harina de maíz no contiene gluten.

## ✳ AVENA

La avena, ya sea entera, en copos o harina, es un alimento fundamental desde hace miles de años; este cereal está lleno de energías femeninas y también está relacionado con la prosperidad, la fertilidad y la pasión (probablemente ése sea el origen de la frase «sembrar la avena silvestre»).* La avena es especialmente sabrosa en panes y galletas. Prepara panes sencillos para las fiestas de la cosecha, y también para honrar a las diosas de la Tierra y recibir bendiciones para tu vida.

## ✳ ARROZ

Alimento básico y cotidiano para millones de personas en el mundo, el arroz es un cereal muy versátil y con muchas aplicaciones prácticas y mágicas. Los usos culinarios son bastante obvios, pero lo que quizá no sepas es que el arroz está relacionado con la buena suerte y la abundancia en todos los ámbitos de la vida, y se dice que aleja el mal y las fuerzas negativas del hogar. Los platos hechos con arroz nos ayudan a mantener los pies en el suelo y a estar emocionalmente más presentes. Añade arroz a tus mezclas mágicas y hechizos para propiciar protección y sanación.

## ✳ CENTENO

La harina de centeno se utiliza para elaborar muchos tipos distintos de pan; utilízala en productos horneados para aumentar los sentimientos de amor y conexión con tu pareja, amigos y familiares.

## ✳ TRIGO

La harina que probablemente nos resulte más familiar en todas sus formas: normal (para todo tipo de usos), de fuerza (con levadura), integral, de germen de trigo, etc. El trigo es sagrado para la diosa Ceres y se lo relaciona con la prosperidad, la fertilidad y la abundancia. También puede utilizarse como símbolo de cualquier deseo o intención mágica: concéntrate en tus deseos y deja que tus energías penetren en la masa. También representa el cambio y el renacimiento, así como el paso de lo viejo a lo nuevo. Una hermosa tradición consiste en hornear una hogaza de pan con un deseo concreto en mente, después cortar una rebanada y dejarla fuera toda la noche (en el altar de tu cocina, si lo tienes). Por la mañana, desmenúzala y dásela de comer a los pájaros mientras das gracias por la abundancia y las bendiciones que podemos compartir con los demás.

---

* Expresión que significa «tener muchas relaciones sexuales, especialmente cuando uno es joven». (*N. del T.*).

# HUEVOS, PRODUCTOS LÁCTEOS, MANTEQUILLA Y ACEITES

## ✹ MANTEQUILLA

Probablemente uno de los ingredientes más usados en repostería, la mantequilla existe desde hace miles de años y siempre se ha considerado que tiene energías protectoras y de prosperidad. A las hadas también les encanta, por lo que dispone de algunas cualidades muy mágicas: regida por la Luna, aporta paz y tranquilidad, sobre todo después de discusiones o desacuerdos. Además de utilizarla en repostería, puedes añadirle todo tipo de hierbas y especias para que tus mezclas sean aún más mágicas.

## ✹ QUESO

Otro ingrediente útil (y delicioso) para la repostería, tanto dulce como salada. El queso está relacionado con el dios Apolo y con el éxito, la felicidad y el amor. Utilízalo sobre todo en las ocasiones especiales, ya que las buenas vibraciones que aporta el queso ayudan a que todo salga como la seda.

## ✹ HUEVOS

El huevo es un alimento sencillo, pero con unas cualidades increíbles. Desde tiempos remotos, se los considera símbolos de los cuatro elementos: la cáscara, de la tierra; la membrana interna, del aire; la yema, del fuego, y la clara, del agua. Obviamente, son un símbolo de fertilidad, crecimiento y creatividad. Usa huevos frescos y ecológicos. Ten siempre huevos morenos frescos en tu cocina, preferiblemente dentro de un pequeño caldero mágico: mantendrán alejada la negatividad y ayudarán a que tus deseos se hagan realidad.

## ✹ LECHE

La leche puede consumirse de muchas formas (fresca, deshidratada, condensada, evaporada) y de diferentes animales, pero toda la leche contiene energías femeninas de nutrición y espiritualidad. Además de en repostería, la leche también puede utilizarse en diferentes ceremonias y rituales: si dejas una tacita de leche endulzada con un poco de miel en la cocina toda la noche, recibirás la visita de las hadas. Prepara recetas con leche durante la Luna llena para honrar a tu diosa interior y a la superior. Por supuesto, si eres alérgico a la lactosa, o prefieres no consumir productos animales, puedes sustituirla por leche de avena, nueces o soja.

# ✳ ACEITE DE OLIVA (Y OTROS)

El aceite de oliva contiene todas las propiedades mágicas de las aceitunas: prosperidad, fertilidad, sanación, tranquilidad y espiritualidad. El olivo es considerado un árbol sagrado desde tiempos inmemoriales. Aunque no es recomendable usar aceite de oliva virgen extra en repostería debido a su sabor fuerte y característico, puede sustituirse por aceite de oliva suave, de girasol u otros aceites vegetales, como, por ejemplo, el de maíz, cártamo o canola. Todos ellos son adecuados para la repostería al ser bastante neutros, por lo que no afectan al sabor final de la receta.

# OTROS INGREDIENTES Y AROMAS MÁGICOS

## ✳ CHOCOLATE

Empezando por las civilizaciones maya y azteca, el chocolate siempre ha sido un alimento y condimento muy poderoso y mágico. Está asociado con el chakra del corazón, por eso funciona tan bien en las ofrendas amorosas, como pasteles, galletas, trufas, y mucho más. Por otro lado, el chocolate también es adecuado como ofrenda a los antepasados, por lo que puede utilizarse en cualquier rito relacionado con esto. El chocolate (y el cacao/chocolate en polvo, en seco y molido) eleva las energías emocionales y hace que nos sintamos más positivos y felices. Añadir un poco de cacao a una bebida caliente estimula estas energías cálidas y alegres.

## ✳ CAFÉ

Al ser medio italiana, siento por el café una especial predilección. Se bebe desde, aproximadamente, el año 800 d. C. y siempre ha estado vinculado a la energía, la claridad de pensamiento y los deseos. También sirve para eliminar las influencias dañinas, y cambiar las energías negativas por positivas. Puede añadirse un poco de café a la mayoría de los postres con chocolate, pues ambos combinan muy bien. Añade unos granos de café a las mezclas mágicas y los inciensos; aparte de su delicioso aroma, también aportará una buena dosis de magia protectora.

## ✳ SAL

Pese a ser uno de los ingredientes más comunes y conocidos, también es uno de los más poderosos desde un punto de vista energético y mágico. Limpiadora, purificadora y protectora, la sal nos libra, tanto a nosotros mismos como a nuestros hogares, de todo tipo de energías negativas y fuerzas nocivas. Desde hace mucho tiempo existe la práctica mágica consistente en rociar agua salada en los rincones de una habitación antes de llevar a cabo rituales o limpiezas de cualquier tipo. La sal está llena de energía femenina, y está presente en prácticamente todas las recetas. Úsala con moderación, pero con amor y gratitud, consciente de los numerosos dones que nos ofrece.

## ✳ TÉ

No sólo el típico té negro que bebemos todos los días, aunque también tiene grandes propiedades mágicas, sino también el té verde y las infusiones, las cuales aportan sus propias energías únicas a la magia culinaria. Las hojas de té añaden fuerza e ímpetu a todas nuestras recetas mágicas, y en el caso de las infusiones, también los beneficios físicos y espirituales de la hierba en cuestión. Además, el té (negro, verde o de hierbas) también puede añadirse a la mezcla de cualquier receta, frío y previamente colado, por supuesto.

## ✳ VAINILLA

Además de ser una de las fragancias más apreciadas (y conocidas) de la cocina, la vainilla es también una vaina mágica, llena de propiedades para el amor, la pasión, la creatividad y la espiritualidad. Sólo con encender una vela de vainilla en tu cocina, lograrás acceder a niveles superiores de felicidad y conciencia.

## ✳ LEVADURA

Esencial para el pan y muchos otros productos horneados, la levadura tiene sus propias propiedades mágicas, entre ellas, como es lógico, el crecimiento personal y empresarial y la prosperidad. Según la tradición, añadir un poco de levadura seca en el monedero o el bote del cambio aumenta la abundancia económica.

#3.

# LAS RECETAS

# SIMPLE Y BÁSICO

«La belleza está en la simplicidad».

(Anónimo)

Como en tantos otros aspectos de la vida, cuando optamos por la simplicidad, las cosas se vuelven más claras y mágicas. Lo mismo ocurre con la cocina y la repostería. A menudo, las recetas más sencillas son las que dan los resultados más deliciosos. Esta sección de recetas nos recuerda que podemos elegir hechizos sencillos... tanto en nuestra cocina como en nuestra vida.

# LEKAJ – PAN DE MIEL ESPECIADO

Me encantan los libros de recetas antiguos, con las páginas llenas de manchas y multitud de notas escritas a mano. Parecen encerrar una magia culinaria especial, hecha de recuerdos y buenos momentos saboreados y compartidos. Hace unos años encontré esta receta en uno de esos viejos libros de cocina, escrita a mano con tinta verde en un trozo de papel descolorido. Sólo ponía Lekaj, un pan de miel tradicional de Europa Oriental. Se trata de una receta sencilla pero deliciosa, tanto para el desayuno como para la merienda. Y, por supuesto, la miel es uno de los alimentos más mágicos que existen.

## PARA 6-8 PERSONAS

---

*175 g (½ taza) de miel de flores silvestres*
*125 g (½ taza) de mantequilla*
*100 g (½ taza) de azúcar moreno*
*30 ml (2 cdas.) de melaza*
*30 ml (2 cdas.) de agua*

*2 huevos grandes, batidos*
*250 g 2 tazas de harina de fuerza*
*5 ml (1 cdta.) de canela molida*
*2,5 ml (½ cdta.) de jengibre molido*
*Ralladura fina de 1 naranja (opcional)*

Precalentar el horno a 180 °C.

Engrasar bien un molde mediano (23 cm) para pan.

Calentar a fuego lento la miel, la mantequilla, el azúcar, la melaza y el agua en un cazo grande hasta que se derrita la mantequilla. Dejar enfriar e incorporar los huevos batidos.

Tamizar la harina y las especias e incorporarlas a la mezcla de la miel hasta obtener una masa espesa y homogénea. Añadir la ralladura de naranja, si se utiliza.

Hornear durante 40-50 minutos o hasta que el pan haya subido del todo y se despegue un poco de las paredes del molde. Dejar enfriar brevemente antes de volcarlo sobre una rejilla. Puede envolverse en papel de aluminio y guardarse de 2 a 3 días antes de consumirse, ya que así se desarrollarán mejor los sabores de las especias.

## ✳ SABIDURÍA DE BRUJA

La miel es uno de los alimentos más antiguos y venerados, un auténtico regalo de las abejas y la Tierra. Úsala en tus recetas cuando quieras fomentar la armonía y la comunicación en tu hogar; añade unas gotitas a las bebidas calientes para obtener la misma magia. Si debes mantener una conversación difícil o dolorosa con alguien, prueba a ponerte una gota de miel en la lengua; las palabras te fluirán con más facilidad y serán recibidas con mejores intenciones.

# ESPIRALES DE NATA PARA EL TÉ

Los bollitos, en todas sus variantes, son probablemente una de las formas más sencillas y deliciosas de la brujería culinaria: sus ingredientes son muy sencillos y suelen prepararse en menos de una hora. Y si eres una apasionada de los bollitos para el té, la nata y la mermelada de fresa, todavía mejor, pues esta receta combina todo eso en una presentación realmente fácil de preparar.

## PARA 12-15 ESPIRALES

*250 g (2 tazas) de harina de repostería*
   *(superfina)*
*15 ml (3 cdtas.) de levadura en polvo*
*2,5 ml (½ cdta.) de sal*
*60 g (¼ taza) de mantequilla sin sal*
*1 huevo grande*
*250 ml (1 taza) de suero de leche*

**Para el relleno:**
*250 ml (1 taza) de mermelada de fresa (confitura)*
*30 ml (2 cdas.) de zumo de limón*
*5 ml (1 cdta.) de tomillo fresco picado (opcional)*

**Para el glaseado:**
*60 g (½ taza) de azúcar glas (azúcar en polvo)*
*2,5 ml (½ cdta.) de extracto de vainilla*
*65 ml (¼ taza) de nata líquida (ligera)*

Precalentar el horno a 200 °C.

Forrar una bandeja grande con papel de horno y engrasarla ligeramente.

Preparar el relleno mezclando la mermelada, el zumo de limón y el tomillo (si se utiliza) en un bol pequeño y reservar.

Tamizar la harina, la levadura en polvo y la sal en un bol grande. Añadir la mantequilla lentamente hasta que la mezcla tenga la textura del pan rallado. Batir el huevo y el suero de leche en otro cuenco e incorporarlo a la mezcla de harina hasta obtener una masa suave, pero no pegajosa. (Puede añadirse un poco más de suero de leche si la masa está seca).

En una tabla enharinada, presionar ligeramente la masa para formar un rectángulo de aproximadamente 30 × 20 cm y de 1 cm de grosor. Extender con cuidado la mermelada sobre la masa, dejando un espacio de 1 cm en los bordes. Enrollar desde la parte más larga (como un brazo de gitano) y presionar los bordes firmemente. Con la ayuda de un cuchillo largo y afilado, cortar el rollo en porciones de unos 2,5 cm de grosor.

Colocar las porciones en la bandeja del horno, dejando un poco de espacio entre ellas. Hornear durante 15-20 minutos o hasta que las espirales hayan subido y estén doradas. Preparar el glaseado mezclando el azúcar glas, el extracto de vainilla y la nata hasta obtener la consistencia adecuada para poder untarla.

Dejar enfriar sobre una rejilla y rociar con el glaseado. Una vez fríos, añadir el relleno. Es mejor servirlos recién hechos.

## SABIDURÍA DE BRUJA

Las fresas tienen una sabiduría del corazón muy sutil; son frutas ideales cuando necesitamos un poco más de amor y compasión, tanto para nosotros mismos como para los demás. Además de utilizar la fruta fresca en recetas horneadas o postres, puede prepararse un sencillo almíbar de fresa: mezcla en un cazo pequeño 250 g de fresas cortadas con 55 g (¼ taza) de azúcar y 30 ml (2 cdas.) de zumo de limón. Cuécelo a fuego lento hasta que las fresas estén blandas y, a continuación, tritúralas ligeramente. (Puedes añadir agua si la mezcla queda demasiado seca). Guárdala en el frigorífico y utilízala sobre bollos, bizcochos o *mousse* de chocolate... ¡tú eliges!

# *CLAFOUTIS* DE ORÉGANO, TOMATES CHERRI Y QUESO CHEDDAR

El *clafoutis* es un plato tradicional francés que normalmente se presenta en su versión dulce, elaborado con cerezas, melocotones, manzanas o higos frescos. Sin embargo, esta versión salada es también una deliciosa obra de magia culinaria que puede servirse para el desayuno, un *brunch* o incluso para una cena ligera. Es como una quiche ligera, pero sin tener que preparar una masa. Puedes usar las hierbas que más prefieras; la albahaca y el tomillo también combinan muy bien con los tomates y el queso.

## PARA 4-6 PERSONAS

---

*125 g (1 taza) de harina común (para todo uso)*
*3 huevos grandes*
*250 ml (1 taza) de leche entera*
*15 ml (1 cda.) de aceite de oliva*
*250 g de tomates cherri*

*65 g (½ taza) de queso cheddar rallado fino*
*30 ml (2 cdas.) de queso parmesano rallado*
*Un manojo pequeño de hojas de orégano
    finamente picado*
*Sal y pimienta al gusto*

Precalentar el horno a 180 °C.

Engrasar bien un molde hondo (de 25 cm de diámetro) con mantequilla en pomada.

Preparar la masa batiendo bien la harina, los huevos, la leche y el aceite de oliva y pimienta al gusto. Recuerda que el queso puede ser bastante salado. Añadir el queso cheddar y el parmesano rallados.

Colocar los tomates cherri de manera uniforme en la base del molde; si son muy grandes, cortar por la mitad. Espolvorear con el orégano picado. A continuación, verter la masa con cuidado sobre los tomates y hornear durante 25-30 minutos. El *clafoutis* debe cuajar y quedar dorado. Servir en porciones calientes o templadas. Su complemento ideal es un buen pan y una ensalada verde aderezada con mostaza.

Los huevos son, como ya hemos dicho, una fuente de magia extremadamente poderosa que nos ayuda a sentirnos más positivos, pero ¿qué hacemos con las cáscaras vacías? Prueba a hacer cascarilla, una antigua mezcla mágica utilizada tradicionalmente en el Hoodoo y otras ceremonias. Basta con meter las cáscaras de huevo limpias en una bolsa y triturarlas hasta conseguir un polvo fino. Mezcla el polvo de cáscaras con sal marina fina y un poco de romero seco machacado; espolvorea la mezcla en los alféizares de las ventanas o la puerta de la cocina, ayudará a desterrar las fuerzas negativas y nocivas, al tiempo que fomenta la paz y la armonía en el hogar y la cocina.

# PASTEL DE VAINILLA Y ACEITE DE OLIVA CON ALMÍBAR DE ROMERO Y LIMÓN

Pese a tratarse de un pastel muy sencillo y rápido de hacer –llevo haciendo versiones desde niña–, sus poderosas energías curativas no tienen nada de simple. Los limones son, por supuesto, uno de los aliados favoritos de las brujas de la cocina gracias a sus cualidades purificadoras y edificantes, un regalo de la Luna. El romero también es una hierba protectora, utilizada para alejar todo tipo de enfermedades y negatividad. Prepara este pastel, para ti o para un ser querido, cuando os sintáis ansiosos, incapaces de tomar decisiones o avanzar en la vida. Te sobrará almíbar de romero; puedes guardarlo hasta dos semanas en un pequeño tarro de cristal en el frigorífico.

## PARA 8-10 PERSONAS

---

*250 g (2 tazas) de harina común
    (para todo uso)*
*2,5 ml (½ cdta.) de sal*
*12,5 ml (2½ cdtas.) de levadura en polvo*
*2 huevos grandes*
*250 ml (1 taza) de yogur griego natural
    (desnatado)*
*375 g (1 ½ tazas) de azúcar extrafino*
*5 ml (1 cdta.) de extracto de vainilla*

*150 ml (⅔ taza) de aceite de oliva (no utilizar aceite
    de oliva virgen extra, el sabor es demasiado
    fuerte, además de caro. Sustituir por un aceite
    de oliva más económico o suave)*
*Ralladura de 2 limones grandes*

*Para el almíbar:*
*170 g (¾ taza) de azúcar extrafino*
*65 ml (¼ taza) de zumo de limón fresco y agua*
*Unas ramitas de romero fresco*

Precalentar el horno a 170 °C.

Engrasar bien un molde de pan de 23 cm y forrarlo con papel de horno.

En un bol grande, tamizar la harina, la sal y la levadura en polvo. En otro bol, batir los huevos, el yogur, el azúcar, el extracto de vainilla, el aceite de oliva y la ralladura de limón hasta que quede bien mezclado. Verter todo en la mezcla de harina y batir suavemente hasta obtener una masa espesa y homogénea.

Verter en el molde que has preparado antes y hornear durante 40-50 minutos, hasta que el bizcocho haya subido, esté dorado y al insertar un pincho fino o similar salga limpio. Dejar enfriar 10 minutos en el molde y, a continuación, desmoldar sobre una rejilla.

Mientras el pastel está en el horno, puedes preparar el almíbar: mezclar el azúcar, el zumo de limón y el agua en un cazo pequeño y calentar a fuego lento hasta que se disuelva el azúcar. Añadir las ramitas de romero al almíbar, calentar y dejar que se infusionen durante 5 minutos; a continuación, retirar del fuego y colar el almíbar. Pinchar ligeramente la superficie del pastel con un tenedor y verter el almíbar por encima, hasta que se impregne bien. Dejar enfriar completamente el pastel y servir en porciones. Se conservará unos días en un recipiente hermético.

## ✳ SABIDURÍA DE BRUJA

Dadas sus propiedades protectoras y mágicas, ten siempre a mano unos cuantos limones frescos. Según la leyenda, si atas un limón con cintas o hilos rojos y lo cuelgas sobre la puerta de la cocina, impedirá que entre en la habitación cualquier fuerza maligna o nociva.

# BUÑUELOS DE SALVIA Y CAMEMBERT

Un tentempié de bruja ideal para servir en cualquier ocasión, pero especialmente en fiestas o celebraciones de primavera, pues el queso es un alimento tradicionalmente asociado a esta estación. La salvia siempre aporta un carácter mágico a los platos, ya que esta antigua hierba tiene poderes místicos relacionados con la sabiduría y la percepción. Su fuerte sabor puede resultar abrumador, así que úsala con moderación. A diferencia de otras hierbas, seca es más fuerte y potente.

## PARA 12-15 BUÑUELOS

*125 g (1 taza) de harina común (para todo uso)*
*5 ml (1 cdta.) de sal*
*5 ml (1 cdta.) de salvia seca desmenuzada*
*2 huevos, separados*

*30 ml (2 cdas.) de mantequilla derretida*
*125 ml (½ taza) de leche*
*125 g de queso camembert*
*Aceite vegetal, para freír*

Tamizar la harina, la sal y la salvia seca en un bol. Hacer un hueco en el centro de la harina, añadir dos yemas de huevo, la mantequilla derretida y la leche. Batir bien hasta obtener una masa espesa.

Retirar la corteza del camembert y desmenuzar el queso en trozos pequeños. Incorporar el queso a la masa. Batir las claras a punto de nieve y añadirlas a la masa.

Calentar el aceite en una sartén de fondo grueso y verter en él cucharadas generosas de la mezcla, dándoles la vuelta una vez, hasta que los buñuelos estén dorados y crujientes por los bordes.

Escurrir bien en papel absorbente y servir calientes.

Los arándanos suelen combinarse con el
camembert y otros quesos, ya que su sabor
agridulce contrarresta la cremosidad del queso.
Por supuesto, por pequeños que sean, los
arándanos contienen una poderosa energía
protectora contra las influencias negativas. Son
una planta femenina regida por el planeta Marte,
y deben utilizarse cuando queramos propiciar
una buena comunicación o calmar emociones.
Las bayas secas pueden añadirse a guirnaldas de
hierbas como protección, y también quedan muy
bien en las decoraciones de Yule.

# PAN DE CAFÉ CON ESPECIAS

En Oriente Medio y el norte de África, suele aromatizarse el café negro con especias como el cilantro y el cardamomo, y ésa fue la inspiración para este sencillo pan con un glaseado opcional. Un excelente desayuno que te aportará toda la claridad e inspiración que necesitas para el resto del día.

## PARA 10-12 PERSONAS

---

*5 ml (1 cdta.) de semillas de cardamomo molidas*
*5 ml (1 cdta.) de semillas de cilantro molidas*
*2 clavos (opcional)*
*65 ml (¼ taza) de café negro fuerte, caliente*
*170 g (¾ taza) de mantequilla sin sal, en pomada*
*170 g (¾ taza) de azúcar extrafino*

*2 huevos*
*250 g de harina común (para todo uso)*
*7,5 ml (1 ½ cdtas.) de levadura en polvo*
*2,5 ml (½ cdta.) de bicarbonato sódico*
*2,5 ml (½ cdta.) de sal*
*250 ml (1 taza) de nata agria*
*125 g (1 taza) de azúcar (en polvo) (opcional)*

Precalentar el horno a 180 °C.

Engrasar bien un molde grande (o dos pequeños) y forrar la base con papel de horno.

En una taza, mezclar el cardamomo, el cilantro y los clavos (si se utilizan) y verter el café caliente. Dejar reposar de 20 a 30 minutos.

Batir bien la mantequilla y el azúcar hasta obtener una crema ligera y esponjosa y, a continuación, incorporar poco a poco los huevos. En otro bol, tamizar la harina, la levadura, el bicarbonato y la sal, incorporar esta mezcla a la de la mantequilla, alternándola con la nata agria. Por último, remover en 30 ml (2 cdas.) de la mezcla fría de café. Repartir uniformemente la masa en los moldes preparados previamente y hornear durante 35-40 minutos o hasta que el pan haya subido y al insertar un pincho fino o similar salga limpio. Dejar enfriar en el molde durante 10 minutos antes de volcarlo sobre una rejilla para que se enfríe por completo.

Para hacer un glaseado de café (opcional pero delicioso), mezclar en un bol pequeño el azúcar glas con el resto de la mezcla de café especiado. (Añadir un poco de agua si el glaseado está demasiado espeso). Verter el glaseado sobre el pan y dejar que cuaje antes de servir.

## ✸ SABIDURÍA DE BRUJA

Las especias utilizadas en esta receta, en combinación con el café, tienen grandes propiedades protectoras, curativas y estimulantes. El cardamomo, en particular, estimula el cuerpo y la mente, y también es conocido por aumentar la pasión en las relaciones sentimentales. Añade unos cuantos cardamomos verdes a tus surtidos de incienso o mezclas mágicas para atraer el amor a tu hogar.

# PASTAS DE TÉ CON *CRUMBLE* DE NUECES

Las pastas de té no son más que un nombre antiguo para referirse a una pequeña galleta suave, mantecosa y deliciosa. Pero, a parte de eso, las pastas de té son un excelente tentempié que pueden servirse en reuniones de todo tipo y también pueden ayudarnos a sentirnos más presentes y concentrados después de cualquier tipo de meditación o ritual. La magia de las galletas es su simplicidad (harina, mantequilla, azúcar y huevos), sin embargo, cuando les añadimos hierbas, especias u otros ingredientes, también adquieren las energías de esos ingredientes.

## PARA UNAS 15 GALLETAS

*Para el* crumble *de nueces:*
*65 g (¼ taza) de mantequilla en pomada*
*100 g (½ taza) de azúcar moreno*
*5 ml (1 cdta.) de canela molida*
*60 g (½ taza) de nueces finamente picadas*
*30 ml (2 cdas.) de harina*

*Para las pastas de té:*
*150 g (⅔ taza) de mantequilla en pomada*
*2 yemas de huevo*
*175 g (¾ taza) de azúcar extrafino*
*2,5 ml (½ cdta.) de extracto de vainilla*
*185 g (1 ½ tazas) de harina de repostería (superfina)*

Precalentar el horno a 180 °C.

Engrasar bien una bandeja de horno grande y forrarla con papel de horno.

Preparar el *crumble* de nueces mezclando la mantequilla, el azúcar moreno y la canela. Incorporar las nueces picadas y la harina hasta obtener una mezcla fina y que se desmenuza. Reservar.

Para preparar las pastas de té, batir muy bien la mantequilla con las yemas de huevo y el azúcar, añadir el extracto de vainilla, tamizar la harina y mezclar hasta obtener una masa homogénea. Con la masa, formar bolas del tamaño de una nuez grande y colocarlas en la bandeja del horno. Utilizar una cucharilla para hacer una hendidura poco profunda en la parte superior de cada galleta y rellenar con un poco del *crumble* de nueces. Hornear las galletas unos 15 minutos o hasta que estén doradas y dejarlas enfriar sobre una rejilla. Pueden conservarse en el molde un par de días, pero rara vez duran tanto.

En el viejo libro de cocina donde encontré esta receta el nombre original era «Galletas de los miércoles». Interesante, sobre todo porque los días de la semana también tienen una gran importancia mágica. El miércoles, por ejemplo, es sagrado para Odín, el dios nórdico, el cual está vinculado al misticismo y la creatividad. Según la tradición, los alimentos que se preparan este día nos ayudan a centrarnos en nuestras capacidades imaginativas y nuestra espiritualidad.

# BIZCOCHO CON SALSA DE CARAMELO SALADO

El nombre* de esta tarta refleja su relajada sencillez, el pastel perfecto para una tarde lluviosa de domingo, acurrucado en el sofá de casa frente a la cálida chimenea. No obstante, también tiene el carácter necesario para ser el protagonista de una celebración, como postre después de una cena de cumpleaños, por ejemplo. La salsa está imbuida del sutil poder y las cualidades protectoras de la sal marina; sin embargo, este pastel es infinitamente versátil y puede servirse con un *coulis* de frutas o añadirse a la masa trocitos de chocolate, nueces picadas o frutos rojos.

* El nombre en inglés de esta receta es «pastel de los domingos». (*N. del T.*).

## PARA 10-12 PERSONAS

*250 g (2 tazas) de harina de repostería*
    *(superfina)*
*10 ml (2 cdtas.) de levadura en polvo*
*5 ml (1 cdta.) de sal*
*2,5 ml (½ cdta.) de canela molida*
*170 g (¾ taza) de mantequilla en pomada*
*230 g (1 taza) de azúcar extrafino*
*100 g (½ taza) de azúcar moreno*
*3 huevos grandes*

*5 ml (1 cdta.) de extracto de vainilla*
*250 ml (1 taza) de suero de leche*

*Para la salsa:*
*200 g (1 taza) de azúcar moreno*
*125 ml (½ taza) de nata líquida (ligera)*
*65 g (¼ taza) de mantequilla*
*5 ml (1 cdta.) de extracto de vainilla*
*5 ml (1 cdta.) de sal marina fina en escamas*

Precalentar el horno a 180 °C.

Engrasar muy bien un molde cuadrado y hondo de 23 cm. La receta tiene mucha masa, así que, si el molde no es lo suficientemente profundo, se desbordará.

Tamizar la harina, la levadura, la sal y la canela en un bol mediano. En un bol grande batir la mantequilla y los dos tipos de azúcar hasta que la mezcla quede ligera y esponjosa. Añadir los huevos de uno en uno, y luego el extracto de vainilla. Incorporar los ingredientes secos a la mezcla de la mantequilla, alternándolos con el suero de leche hasta obtener una masa suave y cremosa.

Verter la masa en el molde preparado con anterioridad y extenderla uniformemente. Hornear durante 30-35 minutos o hasta que el bizcocho haya subido bien, esté dorado y al insertar un pincho fino o similar en él salga limpio. Dejar enfriar en el molde durante 15 minutos y, a continuación, dejar enfriar sobre una rejilla.

Para hacer la salsa, mezclar todos los ingredientes (excepto la sal) en un cazo pequeño de fondo grueso y cocer a fuego lento, sin dejar de remover, hasta que el azúcar se disuelva y se derrita la mantequilla. Retirar del fuego e incorporar las escamas de sal marina. Servir la salsa caliente, vertida sobre los trozos del bizcocho.

## ✸ SABIDURÍA DE BRUJA

Aunque hoy en día los médicos nos aconsejan que moderemos el consumo de sal, lo cierto es que necesitamos un poco para que nuestro organismo funcione de forma óptima; como siempre, la moderación es la clave. Y, siempre que sea posible, usa sal marina natural. Las sales más baratas suelen mezclarse con ingredientes menos naturales. No es de extrañar que este antiguo y venerado alimento esté vinculado a muchos dioses y diosas, de todas las épocas y culturas; las cualidades protectoras y curativas de la sal la convierten en un elemento mágico tradicional.

# NUTRICIÓN Y NATURALEZA



Los alimentos que cultivamos, preparamos y comemos no sólo son esenciales para nuestro bienestar físico, sino que también pueden inspirarnos y sanarnos a nivel emocional y espiritual; ésta es una de las principales creencias y poderes de la magia de la cocina, ya que nos permite acceder, honrar y celebrar de forma sencilla y deliciosa todo lo que nos regala la Madre Tierra.

Las recetas de esta sección están enfocadas en la nutrición y plenitud, tanto del cuerpo como de la mente, mediante la elección consciente de los ingredientes que utilizamos, especialmente hierbas, especias, frutas y verduras. Un consejo: algunas personas creen que la repostería no es particularmente saludable, pero, como siempre, personalmente creo que la clave está en la moderación: comer lo que nos gusta, pero con conciencia y moderación. Además, los alimentos que preparamos nosotros mismos no sólo llevan las energías personales de amor y sanación de nuestras manos y corazón, sino que también están hechas con ingredientes naturales, sin ninguno de los extraños ingredientes químicos que tan a menudo contienen los denominados alimentos procesados, como la bollería industrial y similares.

# TARTA DE MANZANA, VAINILLA Y TOMILLO

Casi todo el mundo ha comido alguna vez una tarta de manzana, pero ésta en concreto es un poco diferente, ya que no contiene harina (por lo que es apta para las personas intolerantes al gluten); el tomillo, una hierba protectora y tonificante que nos ayuda a superar el pesimismo y las dudas, así como a tener más valor para afrontar los problemas cotidianos, también es una interesante adición. Sírvela con alegría y confianza en ti mismo o en tus seres queridos cuando necesites una nueva dosis de inspiración.

## PARA 4 PERSONAS

4 manzanas grandes, peladas y sin corazón
125 g (½ taza) de mantequilla en pomada
115 g (½ taza) de azúcar extrafino
80 g de almendras molidas (harina de
    almendras)

2 huevos
5 ml (1 cdta.) de extracto de vainilla
125 ml (½ taza) de nata agria
15-30 ml (1-2 cdas.) de hojas de tomillo fresco
    picado

Precalentar el horno a 200 °C.

Untar bien con mantequilla una fuente de horno mediana.

Cortar las manzanas por la mitad (o en gajos) y colocarlas en la fuente formando una sola capa. Hornear durante 10-15 minutos o hasta que se ablanden ligeramente.

Para hacer la masa, batir la mantequilla y el azúcar hasta que la mezcla quede ligera y esponjosa. A continuación, incorporar las almendras molidas. Añadir los huevos de uno en uno. Incorporar el extracto de vainilla y la nata agria hasta obtener una mezcla homogénea. Sacar las manzanas del horno y repartir uniformemente sobre ellas la masa de almendras. Espolvorear con el tomillo picado.

Hornear durante 15-20 minutos o hasta que la masa haya subido y esté cuajada y dorada. Esta tarta puede servirse caliente o a temperatura ambiente, acompañada de nata líquida (ligera).

Para crear una deliciosa cobertura, calentar 125 ml (½ taza) de mermelada o confitura de albaricoque hasta que esté líquida y, a continuación, añadir 15 ml (1 cda. sopera) de brandy o ron. Untar el pastel con esta mezcla antes de servirlo.

## ✳ SABIDURÍA DE BRUJA

Para añadir un poco de vibrante y positiva energía a tu cocina, prepara una olla a fuego lento con manzanas y hierbas. Llena una cacerola hasta la mitad con agua mineral o de manantial, añade manzanas pequeñas (sin pelar, cortadas en cuartos o en rodajas), un puñado de hojas de tomillo fresco y unos cuantos clavos. Cuece a fuego lento hasta que el aroma fresco y brillante impregne el aire. También puedes añadir unas gotas de aceite esencial de tomillo o limón a la mezcla.

# ARROZ CON LECHE DE MELISA

Este postre está inspirado en el Rizogalo, un arroz con leche tradicional griego; aunque puede parecer extraño, el agua de rosas le añade un delicado perfume y combina muy bien con el sabor fresco de las hojas de melisa. Eso sí, asegúrate de usar agua de rosas para uso alimentario. La magia de esta receta alcanza múltiples niveles: el arroz es uno de los siete cereales sagrados que ha alimentado a innumerables generaciones de todo el mundo, además de ser un símbolo de buena suerte y protección (de ahí la tradición de arrojar arroz en las bodas). La melisa es una de las hierbas más agradables y armoniosas que existen, gracias a su sabor y aroma frescos y cítricos; es especialmente útil cuando nos sentimos ansiosos, deprimidos o asustados. Preparar este postre a personas que están sufriendo la pérdida de un ser querido les ayuda a sentirse mejor, ya que la melisa restaura el equilibrio y la paz interior.

## PARA 4-6 PERSONAS

*200 g (1 taza) de arroz Arborio (o similar, de grano corto)*
*750 ml (3 tazas) de leche entera*
*55 g (¼ taza) de azúcar extrafino*
*15 ml (1 cda.) de agua de rosas para uso alimentario*

*2,5 ml (½ cdta.) de extracto de vainilla*
*1 huevo, separado*
*60 ml (¼ taza) de nata*
*Ralladura fina de un limón pequeño (opcional)*
*Un puñado de hojas frescas de melisa, picadas o cortadas*

Poner el arroz en un cazo de fondo grueso y añadir la leche y el azúcar. Cocer a fuego muy suave, removiendo con frecuencia, hasta que el arroz esté hecho y haya absorbido completamente la leche.

Añadir el agua de rosas y el extracto de vainilla; batir la yema de huevo con la nata y añadir al arroz, junto con la ralladura de limón si se utiliza. Remover bien. Servir en una fuente adecuada para el horno y espolvorear con las hojas de melisa.

Esta receta también se puede servir fría: para ello, enfriar la mezcla de arroz y batir la clara de huevo a punto de nieve. Incorporar suavemente al arroz y reservarlo en el frigorífico hasta el momento de servir.

Las rosas no sólo son uno de los iconos más bellos de la naturaleza, sino que también tienen propiedades increíblemente curativas para todo tipo de penas del corazón, además de aliviar la aflicción, la ira, la soledad y la tristeza. En la cocina de una bruja siempre debería haber rosas. Yo siempre tengo una en un jarrito en el altar de mi cocina, junto a una vela con aroma de rosa y una botellita de aceite esencial de rosas; unas gotitas en una servilleta o pañuelo te ayudarán a levantar el ánimo de inmediato y te ayudarán a sentirte tranquila y relajada.

*Rosa, confío en aprender*
*de ti para amarme a mí misma en todos*
*mis estados de ánimo y complejidades,*
*y también a la gente que me rodea,*
*con un corazón puro y abierto.*
*Que así sea, en espíritu y belleza.*

# TARTA DE CANELA CON GLASEADO DE ALMENDRAS

La canela es probablemente la especia más utilizada en la cocina, y no sólo en repostería, sino también en la preparación de curris, salsas, *chutneys* y mucho más. Un sencillo pastel de canela es mucho más poderoso de lo que podría parecer a simple vista, pues esta especia contiene importantes beneficios tanto físicos como emocionales; regenera el cuerpo cuando estamos agotados y nos falta energía y, en general, actúa como tónico mental y físico. Las almendras aportan su propia magia, aumentando las capacidades psíquicas, la intuición y la prosperidad, al tiempo que ayudan a mantener a raya la negatividad.

## PARA 6-8 PERSONAS

*125 g (½ taza) de mantequilla sin sal*
*185 g (1 ½ tazas) de harina común*
    *(para todo uso)*
*55 g (taza) de almendras molidas*
    *(harina de almendras)*
*185 g (1 taza) de azúcar moreno*
*10 ml (2 cdtas.) de levadura en polvo*
*2,5 ml (½ cdta.) de sal*
*15 ml (1 cda.) de canela molida*

*2 huevos*
*125 ml (½ taza) de suero de leche*
*5 ml (1 cdta.) de extracto de vainilla*

*Para el glaseado:*
*65 g (¼ taza) de mantequilla*
*90 g (¾ taza) de azúcar glas (en polvo)*
*10 ml (2 cdtas.) de extracto de vainilla*
*100 g (½ taza) de almendras fileteadas*

Precalentar el horno a 180 °C.

Engrasar muy bien un molde de 23 cm o una sartén de hierro fundido.

Derretir la mantequilla sin sal en un cazo pequeño hasta que se dore, retirar del fuego y dejar enfriar. En un bol grande, tamizar la harina, las almendras molidas, el azúcar moreno, la levadura en polvo, la sal y la canela. En otro cuenco pequeño, batir los huevos, el suero de leche, el extracto de vainilla y la mantequilla derretida, luego añadir todo esto a la mezcla de harina y batir bien. Verter en el molde y hornear durante 10-15 minutos.

Mientras se hornea el pastel, preparar el glaseado fundiendo la mantequilla con el azúcar glas y el extracto de vainilla hasta que la mezcla esté espesa y cremosa. Añadir las almendras fileteadas y retirar del fuego. Sacar la tarta del horno y extender el glaseado uniformemente por encima, volver a meter en el horno otros 15-20 minutos más. Puede servirse caliente o a temperatura ambiente.

## ✳ SABIDURÍA DE BRUJA

El azúcar con canela es un complemento maravilloso para la despensa de una bruja. Es muy fácil de preparar, sólo tienes que añadir unas cuantas ramas a un tarro de azúcar blanco o moreno; sella el tarro, déjalo en un lugar seco durante un par de semanas antes de retirar las ramitas de canela. Naturalmente, también se puede mezclar un poco de canela molida con el azúcar, pero eso hace que se pierda parte de la magia. Este azúcar queda genial espolvoreado sobre tortitas, bollos, galletas, gachas, etc. Para que tu cocina (y tu hogar) estén bien protegidos y abiertos a la buena suerte, coge unas ramitas de canela, un par de hojas de laurel secas y unos tallos de romero, átalos con una cinta roja o dorada y cuélgalos en la cocina o en la puerta de tu casa.

# *MUFFINS* SIN GLUTEN DE ZANAHORIA, MANZANA Y ESPECIAS

Tanto las zanahorias como las manzanas se consideran desde antaño poderosos ingredientes para las pociones amorosas, algo que no debería extrañarnos teniendo en cuenta que las energías masculinas de la zanahoria armonizan muy bien con el poder femenino de la manzana, una de las frutas más antiguas y mágicas. Estos sencillos *muffins* son un práctico desayuno o tentempié y pueden infundirnos una mayor claridad y conciencia, tanto de nosotros mismos como del mundo que nos rodea. Especialmente las manzanas también están conectadas con el más allá y el mundo de los espíritus, por lo que pueden utilizarse para recordar a nuestros antepasados y los vínculos entre pasado, presente y futuro.

## PARA 6 *MUFFINS* GRANDES O 12 PEQUEÑOS

*80 g (¾ taza) de almendras molidas (harina de almendra)*
*60 g de sémola fina*
*30 g de harina de maíz (maicena)*
*10 ml (2 cdtas.) de levadura en polvo*
*5 ml (1 cdta.) de canela molida*
*5 ml (1 cdta.) de jengibre molido*
*2,5 ml (½ cdta.) de nuez moscada*
*2,5 ml (½ cdta.) de cilantro molido*

*2 huevos*
*200 g (1 taza) de azúcar moreno*
*125 ml (½ taza) de aceite vegetal o de coco*
*350 g (1¾ tazas) de zanahorias finamente ralladas*
*1 manzana grande, pelada y rallada finamente*
*Ralladura de 1 naranja*
*60 g (½ taza) de nueces pecanas finamente picadas (opcional)*

Precalentar el horno a 180 °C.

Colocar forros de papel en un molde para magdalenas de 6 o 12 agujeros.

En un bol grande, mezclar las almendras molidas, la sémola, la harina de maíz, la levadura en polvo y las especias molidas. En otro bol, batir los huevos, el azúcar moreno y el aceite hasta obtener una masa espesa y homogénea. Incorporar la mezcla líquida a la seca y batir rápidamente para combinarlas. No mezclar en exceso. Por último, añadir las zanahorias, la manzana y las pecanas (si se utilizan).

Distribuir la masa uniformemente en los huecos del molde, llenándolos hasta dos tercios aproximadamente. Hornear durante 20 minutos, o hasta que las magdalenas hayan subido bien y estén doradas.

Preparar una deliciosa cobertura mezclando 65 ml (½ taza) de azúcar moreno con 5 ml (1 cdta.) de canela molida y 2,5 ml (½ cdta.) de jengibre molido. Espolvorear un poco de esta mezcla por encima de cada magdalena antes de hornear.

Para la opción con gluten, sustituir las almendras molidas por harina de repostería (superfina).

## ✳ SABIDURÍA DE BRUJA

Los chakras (la palabra viene del sánscrito y significa 'vórtice') son los siete centros energéticos que unen el cuerpo físico con el espiritual/emocional. Las zanahorias, con su intenso color naranja, están conectadas al segundo chakra, el Sacro, situado justo debajo del ombligo. Cuando este chakra está equilibrado, nos sentimos alegres y creativos, y vivimos la vida con plenitud.

# TARTA CHAI CON CREMA DE JENGIBRE

Aunque conozco (y me encanta) desde hace bastante tiempo la especiada magia del té chai, nunca se me había ocurrido utilizarlo en repostería hasta que leí el libro de Melissa Forti, *The Italian Baker*; aparte de nuestra herencia italiana común, Melissa es una auténtica bruja de la cocina. Aunque esta receta es una adaptación de una que aparece en su libro, yo la he simplificado un poco. El chai masala (que en hindi significa «té especiado») es cada vez más popular en todo el mundo, y no es de extrañar, ya que entre los ingredientes de este brebaje mágico están el jengibre, el cardamomo, la canela, el clavo, el anís estrellado y la pimienta negra. Todas estas especias estimulan el metabolismo y el estado de ánimo a todos los niveles. El té chai favorece la función digestiva y la circulación y es un tónico efectivo cuando nos sentimos agotados, desconectados o sin energía, sobre todo en los meses más fríos. Si prefieres no utilizar productos lácteos, usa leche de avena, soja, coco o frutos secos. También puedes batir nata de coco fría y utilizarla como cobertura.

## PARA 6-8 PERSONAS

*125 ml (½ taza) de leche*
*4 bolsitas de té chai*
*125 g (½ taza) de mantequilla sin sal,*
   *en pomada*
*250 g (1 taza) de azúcar blanco*
*2 huevos grandes*
*5 ml (1 cdta.) de extracto de vainilla*
*185 g (1 ½ tazas) de harina común (para todo uso)*
*10 ml (2 cdtas.) de levadura en polvo*
*2,5 ml (½ cdta.) de sal*

*5 ml (1 cdta.) de canela molida*
*2,5 ml (½ cdta.) de cardamomo molido*

*Para la crema de jengibre:*
*225 g de queso crema a temperatura ambiente*
*65 g (¼ taza) de mantequilla en pomada*
*5 ml (1 cdta.) de extracto de vainilla*
*125 g (1 taza) de azúcar glas (en polvo)*
*30 ml (2 cdas.) de jengibre cristalizado finamente*
   *picado*

Precalentar el horno a 180 °C.

Engrasar bien un molde de 23 cm y forrar la base con papel de horno.

Calentar a fuego lento la leche en un cazo pequeño y añadir las bolsitas de té. Retirar del fuego y dejar que la mezcla se infusione durante al menos 10 minutos. Retirar las bolsitas y dejar que la leche se enfríe.

En un bol grande, batir la mantequilla y el azúcar hasta que la mezcla quede ligera y esponjosa. Añadir los huevos de uno en uno y el extracto de vainilla. Tamizar los ingredientes secos en otro bol y añadir a la mezcla de mantequilla, alternando los ingredientes secos y la leche fría.

Repartir uniformemente la masa en el molde y hornear durante 30-40 minutos, o hasta que, al insertar un pincho fino o similar en el bizcocho, éste salga limpio. Dejar enfriar en el molde 10 minutos antes de sacarlo a una rejilla para que se enfríe del todo.

Para preparar la cobertura, mezclar el queso crema y la mantequilla hasta obtener una mezcla homogénea. A continuación, añadir el extracto de vainilla y el azúcar hasta obtener una mezcla cremosa. Si está demasiado blanda, meter en el frigorífico un rato para que se endurezca. Colocar la cobertura de queso cremoso sobre la tarta y espolvorear con el jengibre picado.

## ✳ SABIDURÍA DE BRUJA

El jengibre es otra especia muy poderosa a muchos niveles y se puede utilizar para aumentar la conciencia psíquica y mágica. No sólo es bueno para cocinar, también puede añadirse un poco de jengibre en polvo al incienso, mezclas para espolvorear u ollas a fuego lento para mantener a raya las fuerzas potencialmente nocivas, mientras potenciamos el éxito y la prosperidad. Infusiona un poco de jengibre fresco cortado en rodajas en un tarrito con aceite de almendras dulces y utilízalo en todo tipo de rituales mágicos.

# GALLETAS DE CARDAMOMO Y MIEL

La magia más poderosa también es la más simple, y estas galletas tan fáciles de preparar son la mejor demostración de esta verdad intemporal. En cuanto a sus ingredientes, la miel es pura magia dulce y dorada metida en un tarro, una magia que se potencia con el uso de hierbas y especias. Estas sencillas y crujientes galletas van acompañadas de cardamomo, una de las especias más antiguas que existen, muy utilizada en la cocina de Oriente Medio. Una buena especia si lo que queremos es aumentar la felicidad y la alegría en nuestras vidas, y tal vez añadir algo de pasión renovada, especialmente si nos sentimos desanimados y hastiados en nuestras relaciones o con nosotros mismos. Estas sencillas galletas son también una buena introducción para los niños a la repostería mágica, aunque a algunos el cardamomo les pueda resultar un poco fuerte. En ese caso, puede sustituirse por canela o jengibre. Las brujas de la cocina son flexibles y saben que nada está escrito en piedra.

## PARA 40-50 GALLETAS

*125 g (½ taza) de mantequilla sin sal*
*115 g (½ taza) de azúcar extrafino*
*65 ml (¼ taza) de miel ecológica*
*5 ml (1 cdta.) de extracto de vainilla*
*65 ml (¼ taza) de agua*

*250 g (2 tazas) de harina común (para todo uso)*
*2,5 ml (½ cdta.) de bicarbonato sódico*
*10 ml (2 cdtas.) de cardamomo molido*
*5 ml (1 cdta.) de jengibre molido (opcional)*

(Esta receta debe empezarse el día anterior, ya que lo ideal es que la masa repose en el frigorífico durante al menos 12 horas durante toda la noche).

Forrar dos bandejas grandes (o moldes) con papel de horno.

En un cazo mediano, derretir a fuego lento la mantequilla, y después añadir el azúcar, la miel, el extracto de vainilla y el agua. Remover suavemente hasta que el azúcar se haya disuelto y la mezcla esté homogénea. Retirar del fuego.

Tamizar los ingredientes secos, verter en la mezcla de mantequilla y mezclar con una cuchara de madera; la masa quedará un poco grumosa.

Amasar la mezcla ligeramente sobre una tabla de madera enharinada hasta que quede uniforme y, a continuación, dividir en dos partes. Formar dos troncos redondos de unos 6 cm de ancho. Envolver cada tronco en papel de horno o film transparente y refrigerar durante al menos 12 horas.

Al día siguiente, precalentar el horno a 180 °C.

Desenvolver los troncos y utilizar un cuchillo muy afilado para cortar la masa en rodajas finas (no más de 5 mm). Colocar en las bandejas de horno y hornear durante 8-10 minutos, hasta que las galletas estén crujientes y doradas. Dejar enfriar en las bandejas de horno. Estas galletas se conservan bien en el interior de una lata hermética.

## ✳ SABIDURÍA DE BRUJA

Se pueden añadir unas cuantas semillas de cardamomo machacadas/partidas a muchas recetas, tanto de comida como de bebida, ya que, de este modo, actúan mágicamente, aportando una mayor protección, amor y afecto en el hogar. Añade unas cuantas semillas enteras de cardamomo a cualquier mezcla purificadora o protectora, o prepara bolsitas «protectoras» metiendo hojas secas de laurel, un puñado de granos de arroz y un par de semillas de cardamomo en bolsitas de tela. Lleva una siempre encima o regálasela a tus seres queridos cuando se vayan de viaje.

# PASTEL DE LIMÓN Y LAVANDA

La conocida fragancia dulce y floral de la lavanda se ve enfatizada por su sorprendente potencia. Pese a tratarse de una de las hierbas más apreciadas, se utiliza menos en la cocina de lo que debería, eso sí, con moderación, de lo contrario su sabor puede resultar abrumador. Además de sus numerosos beneficios para la salud -dolores de cabeza, tensión muscular, insomnio, cansancio y agotamiento físico general-, la lavanda también levanta y calma el estado de ánimo, reduce la ansiedad y aporta una renovada sensación de paz y bienestar. Este pastel es perfecto para una tarde tranquila de reflexión y atención plena. Me encanta la siguiente cita de Brittany Wood Nickerson:

«Las lecciones de la lavanda son lecciones de vida:
disfrutar, aceptar, amar y dejar ir».

## PARA 8-10 PERSONAS

*185 g (1 ½ tazas) de harina común
 (para todo uso)*
*2,5 ml (½ cdta.) de sal*
*10 ml (2 cdtas.) de levadura en polvo*
*30 ml (2 cdas.) de hojas/flores secas
 de lavanda, desmenuzadas*
*2 huevos*
*15 ml (1 cda.) de ralladura fina de limón*
*250 ml (1 taza) de suero de leche*

*285 g (1¼ tazas) de azúcar extrafino*
*5 ml (1 cdta.) de extracto de vainilla*
*165 ml (2/3 taza) de aceite vegetal*

*Para el almíbar:*
*115 g (½ taza) de azúcar extrafino*
*125 ml (½ taza) de zumo de limón fresco*
*Más flores de lavanda secas (opcional)*

Precalentar el horno a 180 °C.

Engrasar bien un molde mediano y forrar la base con papel de horno.

En un bol grande, tamizar la harina, la sal, la levadura en polvo y la lavanda seca. En otro bol, batir bien los huevos, la ralladura de limón, el suero de leche, el azúcar, el extracto de vainilla y el aceite hasta obtener una mezcla homogénea. A continuación, añadir suavemente la mezcla de harina y batir hasta que la masa quede homogénea. Verter la masa en el molde y hornear durante 35-40 minutos, o hasta que el pan esté bien dorado y al insertar un pincho fino o similar salga limpio.

Mientras tanto, preparar el almíbar mezclando el azúcar y el zumo de limón hasta que el azúcar se haya disuelto. Cuando el pan salga del horno, dejar enfriar brevemente y pasar a una rejilla. Pinchar la superficie del pastel por todas partes con un tenedor y, a continuación, verter con cuidado el almíbar de limón, dejando que se impregne en el pastel. Espolvorear con un poco más de lavanda, si se desea.

## ✷ SABIDURÍA DE BRUJA

Los limones, el otro elemento que da sabor a este pastel, están intrínsecamente ligados a la Luna y son portadores de todas las energías mágicas y espirituales de este misterioso cuerpo celeste. Mejor prepararlo un lunes (Día de la Luna), preferiblemente por la noche, cuando la cocina esté tranquila y en silencio, lo que ayudará a potenciar su magia. Permítete soñar e imaginar cualquier cambio que quieras hacer en tu vida: familia, amor, trabajo o cualquier otra cosa. (También puedes escribir sobre ello en tu diario). Mantén tus pensamientos despejados y positivos mientras enciendes una vela blanca y disfrutas del pastel sabiendo que pronto te llenará de alegría y energía, como la cristalina luz plateada de la Luna.

*Diosa Luna, escúchame y dame poder*
*con inspiración, visión y comprensión*
*mientras me bendices con tu cautivadora luz.*
*Gracias... que así sea.*

# REPOSTERÍA PARA DISFRUTAR DE LA MAGIA DE LAS ESTACIONES

«La naturaleza no tiene prisa,
y, sin embargo, todo lo alcanza...».

Lao Tzú

El ciclo natural del año, con sus cambiantes estaciones y energías mágicas, tiene una gran importancia para las brujas de la cocina y la naturaleza, algo que lleva siendo así desde la antigüedad. Por entonces, la gente vivía más conectada con la Tierra, estrechamente vinculada a la generosidad de las estaciones. Aunque hoy en día hayamos perdido esa conexión, aún podemos seguir los ritmos y ciclos naturales del año para aportar algo más de magia, bienestar y alegría a nuestras vidas.

Para esta sección he elegido los ocho sabbats de la Rueda del Año, normalmente los solsticios/equinoccios lunares y solares y los puntos intermedios. Cada uno de estos sabbats tiene sus propias tradiciones, rituales y correspondencias mágicas con determinados alimentos. Aquí encontrarás una receta sencilla para cada sabbat, además de otras ideas para hacerlos aún más mágicos.

# TARTALETAS DE CHOCOLATE AL ESTILO MORGANA

El 31 de octubre es Samhain, lo que hoy en día se conoce como Halloween, el comienzo tradicional del año y, probablemente, la más mágica de todas las fiestas del ciclo estacional, a pesar de la deriva comercial que ha sufrido en los últimos años. Así que me parece apropiado incluir una receta en honor a Morgana, una diosa oscura vinculada a las leyendas artúricas y a la que se rinde homenaje especialmente en Samhain, una época en la que se unen el lado oscuro y luminoso de la naturaleza humana, así como un momento muy poderoso para conectar con el mundo de los espíritus y aquellos que nos han precedido. Estas tartaletas de chocolate rellenas de un *ganache* agridulce son un reflejo perfecto de este tiempo sagrado, especialmente porque el chocolate está relacionado con las ofrendas a los antepasados y los espíritus. Puede hacerse tanto una tarta grande como varias tartaletas más pequeñas, aunque yo prefiero estas últimas (con la ayuda de un molde para magdalenas o tartaletas) porque el relleno está delicioso. También se puede usar la masa crujiente y mantecosa para hacer galletas de Samhain, como hace una amiga mía, a quien le encanta darles forma de gatitos, búhos y estrellas.

## PARA 1 TARTA GRANDE, 6 TARTALETAS O HASTA 18 MINI TARTALETAS

---

*Para la masa:*
*125 g (½ taza) de mantequilla en pomada*
*40 g (⅓ taza) de azúcar glas (en polvo)*
*2,5 ml (½ cdta.) de sal*
*1 huevo*
*5 ml (1 cdta.) de extracto de vainilla*
*250 g (2 tazas) de harina común (para todo uso)*
*30 g (¼ taza) de cacao en polvo (sin azúcar)*

*Para el relleno:*
*250 ml de nata líquida (ligera)*
*5 ml (1 cdta.) de semillas de cardamomo trituradas*
*   (opcional)*
*250 g de chocolate negro de buena calidad*
*Cerezas*

Precalentar el horno a 160 °C.

Engrasar bien el molde para magdalenas o tartaletas (del tamaño que elijas).

Batir la mantequilla y el azúcar, añadir la sal, el huevo y el extracto de vainilla. Incorporar la harina y el cacao hasta obtener una masa suave pero manejable. Extender la masa sobre una tabla con un grosor no superior a 5 mm, luego forrar los moldes elegidos con la masa y pinchar ligeramente la base de la masa con un tenedor. Hornear durante 10-15 minutos, luego dejar enfriar en los moldes y pasarlos con cuidado a una rejilla.

Preparar el relleno de *ganache* calentando suavemente la nata en un cazo pequeño hasta que esté caliente, pero sin que llegue a hervir. Añadir las semillas de cardamomo machacadas, si las utilizas. Romper el chocolate en trozos pequeños en un bol y, a continuación, verter sobre la mitad de la nata caliente, removiendo bien hasta que el chocolate se haya derretido. A continuación, añadir el resto de la nata; la mezcla debe quedar espesa y lisa.

Repartir el *ganache* uniformemente entre los moldes fríos y, a continuación, refrigerar las tartaletas durante un par de horas para que el relleno se asiente. Sacar de la nevera 30 minutos antes de servir; cubrir cada tarta con una cereza.

## ✷ SABIDURÍA DE BRUJA

El romero, dada su conexión con los recuerdos y los antepasados, es la hierba tradicional de esta época del año. Todos necesitamos recordar y reconocer quiénes somos y de dónde venimos, y no hay mejor momento que Samhain para hacerlo. También es un buen momento para escribir en nuestro grimorio o diario de cocina, mientras reflexionamos sobre nuestra vida y lo que nos ha hecho llegar hasta este momento. Muchas personas eligen esta época del año para honrar a los que nos han precedido de una manera muy sencilla: preparando y compartiendo recetas que les gustaban o disfrutaban comiendo. Yo lo he hecho en recuerdo de mis padres y siempre es una experiencia muy significativa (aunque un tanto agridulce). Me gusta poner unas ramitas de romero fresco en un jarrón de cristal azul en el altar de mi cocina, junto a las fotografías de mi madre y mi tía abuela (que fue quien me enseñó a preparar pasteles). También es muy bonito recitar una breve bendición:

*Te recuerdo con amor, con dulces recuerdos.*
*Sigues siendo parte de mí, de mi vida,*
*y siempre lo serás.*
*Nada que se ame de verdad puede perderse:*
*ésa es la maravilla y la magia de esta Tierra.*
*Bendita seas. Que así sea.*

# PUDIN DE INVIERNO NEVADO

Aunque Yule, que tradicionalmente tiene lugar en torno al solsticio de invierno (21 de diciembre), está muy eclipsada por la Navidad, deberíamos seguir honrándola y celebrándola por derecho propio. Curiosamente, pese a señalar el comienzo oficial del invierno, también es el momento en que los días empiezan a ser más largos, y en muchas culturas se celebra como el tiempo en que regresa la luz. En los largos y oscuros días de invierno necesitamos recordar que el crecimiento continúa, tanto en nosotros mismos como a nuestro alrededor: la tierra congelada guarda la magia de las semillas que volverán a germinar cuando llegue su tiempo y la noche más larga dará paso a la luz. Este pudin oscuro y aromático es un delicioso recordatorio de estas verdades, además de estar lleno de los frutos de la tierra; en realidad, se trata de una receta muy antigua, heredada de mi bisabuela, a la que nunca conocí, pero que era escocesa y, al parecer, también una bruja de la cocina.

## PARA 6 PERSONAS

*250 g de dátiles deshuesados finamente picados*
*125 g (½ taza) de mantequilla*
*5 ml (1 cdta.) de bicarbonato de sodio*
*250 ml (1 taza) de agua hirviendo*
*185 g (1 ½ tazas) de harina de repostería*
  *(superfina)*
*5 ml (1 cdta.) de levadura en polvo*
*5 ml (1 cdta.) de canela molida*
*5 ml (1 cdta.) de jengibre molido*
*2 huevos*
*5 ml (1 cdta.) de extracto de vainilla*

*95 g (½ taza) de azúcar moreno*
*65 ml (¼ taza) de melaza oscura*
*60 g (½ taza) de nueces o pecanas picadas (opcional)*
*60 g (½ taza) de pasas*

*Para la salsa:*
*65 g (¼ taza) de mantequilla*
*115 g (½ taza) de azúcar extrafino*
*125 ml (½ taza) de nata líquida (ligera)*
*65 ml (3 cdas.) de whisky o Southern Comfort*

Precalentar el horno a 160 °C.

Engrasar muy bien una fuente de horno ovalada o cuadrada de tamaño mediano.

Colocar los dátiles, la mantequilla y el bicarbonato de sodio en un recipiente de cristal resistente al horno; verter el agua hirviendo y dejar reposar hasta que la mantequilla se haya derretido.

Tamizar la harina, la levadura y las especias. En un bol grande, batir los huevos, el extracto de vainilla, el azúcar y la melaza. Incorporar la mezcla fría de dátiles a los huevos y, a continuación, añadir poco a poco la harina, batiendo bien hasta obtener una masa espesa. Por último, incorporar las nueces (si se utilizan) y las pasas. Verter la masa en el molde y hornear durante 30 minutos, hasta que el pudin haya subido.

Mientras el pudin está en el horno, preparar la salsa calentando la mantequilla, el azúcar y la nata a fuego lento hasta que el azúcar se haya disuelto y la salsa esté suave. Añadir el whisky (también puede utilizarse zumo de naranja natural, si se prefiere no añadir alcohol). Sacar el pudin del horno y distribuir la salsa por toda la superficie con una cuchara antes de devolverlo al horno otros 10 minutos. Servir caliente, con trocitos de nata montada (o bolas de helado de vainilla) para insistir en el tema de la nieve.

## ✳ SABIDURÍA DE BRUJA

Recibe la calidez y el fuego interior propias de esta estación encendiendo velas rojas y verdes en tu cocina: el rojo simboliza el color del Sol que regresa, y el verde, el de la nueva vida. El incienso, o las velas perfumadas, también añaden una nota festiva y espiritual; prueba olores como el pino, incienso, cedro, enebro o aromas especiados como la canela o la nuez moscada. El vino de Wassail es la bebida tradicional para la noche de Yule, y puede prepararse con alcohol o sin él, como prefieras. Cuece a fuego lento 1 botella de vino tinto (o sidra/zumo de manzana) con 115 g (½ taza) de azúcar, la ralladura y el zumo de una naranja, canela en rama y unos cuantos clavos. Cuando el azúcar se haya disuelto, sírvelo colado en tazas pequeñas y bébelo caliente mientras compartes pensamientos y deseos para esta estación de esperanza y magia.

# TORTITAS DE HIERBAS PRIMAVERALES CON SALSA CREMOSA

Imbolc, que tiene lugar en torno al 2 de febrero, es una fiesta tradicional celta que marca el comienzo de la primavera, el calor y el nuevo crecimiento. También está dedicada a Brigid, la diosa y guardiana irlandesa del fuego, por eso es una fecha tan importante para las brujas de la cocina. Los platos ligeros como las tortitas y tortillas suelen estar asociados con esta época del año. Añade productos lácteos y muchas hierbas frescas a tu repostería durante estos días. Los productos lácteos (y los huevos) se consideran sagrados para la primavera/Imbolc y, por supuesto, las hierbas frescas simbolizan la frescura y el verde de la nueva estación. También es el momento ideal para plantar semillas (incluso en una jardinera en la cocina) para disfrutar del milagro de la nueva vida.

## PARA 10-12 TORTITAS PEQUEÑAS

---

*125 g (1 taza) de harina de repostería (superfina)*
*10 ml (2 cdtas.) de levadura en polvo*
*2,5 ml (½ cdta.) de sal*
*Una pizca de pimienta negra y otra de cilantro molido*
*Un puñado de cebollino fresco, finamente picado (el ajo silvestre también queda muy bien)*
*15 ml (1 cda.) de eneldo fresco picado*
*60 g (1 taza) de hojas de espinacas baby, ralladas finamente*
*2 huevos, separados*

*250 ml (1 taza) de suero de leche*
*30 ml (2 cdas.) de mantequilla derretida*
*Aceite/mantequilla, para freír*

*Para la salsa:*
*250 ml (1 taza) de yogur griego espeso*
*45 ml (3 cdas.) de aceite de oliva*
*30 ml (2 cdas.) de* crème fraiche *o crema agria*
*Ralladura de un limón pequeño*
*5 ml (1 cdta.) de mostaza de Dijon*
*Un puñado pequeño de hierbas frescas finamente picadas, como tomillo, cebollino o cilantro*
*Sal y pimienta al gusto*

Tamizar la harina, la levadura, la sal, la pimienta y el cilantro molido en un cuenco. Añadir y mezclar con las hierbas frescas picadas y las espinacas. En un bol pequeño, batir las yemas de huevo, el suero de leche y la mantequilla derretida e incorporarlo todo a la mezcla de la harina. Batir las claras a punto de nieve, pero sin que se sequen e incorporarlas con cuidado a la masa.

Calentar a fuego medio-alto en una sartén pesada con un poco de mantequilla o aceite. Verter unos 65 ml (¼ taza) de masa en la sartén y freír hasta que aparezcan pequeñas burbujas doradas en la superficie de la tortita. Dar la vuelta y freír otros 2 minutos más. Se pueden hacer varias tortitas a la vez, pero sin llenar la sartén.

Mantener las tortitas calientes hasta el momento de servir. Pueden servirse sólo con mantequilla, pero resultan especialmente deliciosas si se rellenan con queso feta y pepinillos y se acompañan con un poco de *chutney* picante o una cucharada de salsa cremosa de hierbas (*véase* receta más abajo).

Para preparar la salsa, mezclar bien todos los ingredientes (excepto las hierbas) en un bol pequeño. Añadir las hierbas y guardar en el frigorífico antes de servir.

NOTA: Estas tortitas se pueden hacer con cualquier hierba. A mí me encantan el cebollino y el eneldo. Las espinacas añaden un toque verde, pero pueden omitirse si lo prefieres.

## ✴ SABIDURÍA DE BRUJA

Todos estamos familiarizados con el concepto de limpieza primaveral, la cual solía realizarse tradicionalmente en esta época del año. «Fuera lo viejo, dentro lo nuevo», una idea muy en sintonía con la magia de la primavera. También podemos hacer una limpieza primaveral de nuestros corazones y espíritus a través de la magia de la cocina. Hierve agua a fuego lento en una cazuela pequeña y añade unas gotitas de aceite esencial de lavanda y romero y unas hojitas secas de salvia; respira la agradable fragancia y deja que te llene de esperanza e inspiración. Libérate del remordimiento por todo lo que tiene que ver con el pasado; es el momento de empezar nuevos y esperanzadores proyectos. Intenta hacer algo nuevo este día, aunque sea algo tan sencillo como intentar hacer una nueva receta o probar un ingrediente que no hayas utilizado antes.

# QUICHE DE RUIBARBO

Ostara, que tiene lugar en torno al 21 de marzo (la fecha varía de un año a otro), es el equinoccio de primavera, cuando el día y la noche tienen la misma duración. Es una fiesta para encontrar el equilibrio y desprenderse de lo que ya no nos sirve, un tiempo de magia y nuevas esperanzas. ¿Quién no se siente mucho más alegre con la llegada de los primeros días de la primavera, con las primeras flores y los tiernos brotes que aparecen en los árboles desnudos después del invierno? Ostara también estaba conectada con la fertilidad, tanto de la Tierra como de los seres humanos y los animales; se consideraba la época de los nacimientos y los nuevos comienzos. Los huevos eran especialmente simbólicos en esta época, lo que probablemente esté en el origen de la tradición de los huevos de Pascua. Esta receta de quiche es especialmente adecuada para esta época del año, ya que incluye ruibarbo fresco, huevos y nata; no obstante, se trata de una versión simplificada del quiche tradicional, que suele elaborarse con levadura. Ten en cuenta que también puede hacerse con otras frutas, como manzanas, melocotones e higos.

## PARA 6-8 PERSONAS

—————

*175 g de ruibarbo fresco*
*55 g (¼ taza) de azúcar extrafino*
*1 vaina de anís estrellado*
*Unas semillas de cardamomo*

*Para la cobertura:*
*125 ml de nata líquida (ligera)*
*115 g de azúcar extrafino*
*1 huevo*
*30 ml (2 cdas.) de harina común*

*Para el bizcocho:*
*185 g (1 ½ tazas) de harina común*
*10 ml (2 cdtas.) de levadura en polvo*
*2,5 ml (½ cdta.) de sal*
*3 huevos*
*115 g (½ taza) de azúcar extrafino*
*5 ml (1 cdta.) de extracto de vainilla*
*125 g (½ taza) de mantequilla, derretida y fría*
*Ralladura fina de un limón pequeño (opcional)*

Engrasar bien un molde redondo de 23 cm y espolvorearlo con un poco de harina.

Preparar el ruibarbo antes de calentar el horno: cortar los tallos en trozos de unos 1,5 cm y ponerlos en un cazo junto con el azúcar, el anís estrellado y las semillas de cardamomo. Cubrir con agua y cocer a fuego lento durante unos 10 minutos, hasta que el azúcar se haya disuelto y el ruibarbo esté tierno, pero no blando. Escurrir la fruta y dejar enfriar del todo.

Precalentar el horno a 190 °C.

Tamizar la harina, la levadura y la sal. En otro bol, batir muy bien los huevos, el azúcar y la vainilla hasta que la mezcla esté espesa y pálida; a continuación, añadir la mantequilla derretida. Por último, incorporar suavemente la mezcla de harina.

Verter la masa en el molde previamente preparado. Colocar el ruibarbo frío de manera uniforme sobre la superficie de la tarta.

Batir bien los ingredientes de la cobertura, verter sobre el ruibarbo y extender la cobertura uniformemente. Hornear durante 25-30 minutos, hasta que la cobertura esté cuajada y dorada. Dejar que se enfríe en el molde durante unos minutos y después aflojar las paredes y la base del molde y pasar el pastel a una rejilla. Preferiblemente servir recién hecha y todavía un poco caliente.

## ✴ SABIDURÍA DE BRUJA

Decora la cocina con flores de primavera, especialmente narcisos, pues contienen una energía hermosa y dulce. Crear una cesta de huevos mantra (huevos pintados con una palabra de esperanza) es una forma ideal de pasar el tiempo con los amigos y la familia. Haz agujeros con una aguja grande o un clavo pequeño en cada extremo del huevo, sostenlo sobre un cuenco y sopla por uno de los extremos para que el contenido salga por el otro extremo. Puede ser un proceso lento; una amiga mía soborna a sus hijos para que lo hagan por ella (¡la recompensa es un huevo de chocolate!). Guarda el interior de los huevos para preparar un pastel y luego enjuaga con cuidado las cáscaras vacías tanto por dentro como por fuera. Sécalos bien antes de pintarlos con pinturas acrílicas, lisos o con diseños o dibujos. Nosotros nos lo pasamos en grande escribiendo mensajes y mantras con rotuladores resistentes al agua, o con palabras como «Sueña», «Gracia» o «Cree»... Coloca los huevos en una cesta sobre la mesa de la cocina y deja que la gente elija el que represente mejor el mensaje de la primavera para ellos.

# CROSTOLI

Beltane es la fiesta de principios del verano de la Rueda del Año y tiene lugar el
1 de mayo. Es un tiempo de celebración y abundancia, una época para honrar
a todos los seres vivos y a las cosas que crecen (incluidos nosotros mismos).
Muchas ceremonias del ciclo de la vida, como bodas o uniones de manos, suelen
celebrarse en esta época del año. La unión de manos, que vuelve a estar muy de
moda, es una ceremonia matrimonial pagana/wicca que suele celebrarse al aire
libre acompañada de grandes banquetes y mucha alegría. No obstante, Beltane
también puede ser simplemente una forma divertida de disfrutar de la compañía
de la familia y los amigos. Si el tiempo lo permite, cocina y come al aire libre; los
platos sencillos y fáciles de preparar, acompañados de muchas risas, son el mejor
homenaje que podemos hacerle a Beltane. Estos tradicionales bocados fritos
italianos son el aperitivo perfecto para estas fechas. A lo largo de mi vida he hecho
múltiples variaciones de esta receta, y siempre desaparecen muy rápido, así que te
recomiendo que hagas de sobra.

## PARA UNOS 25 CROSTOLI (IQUE NUNCA SON SUFICIENTESI)

---

500 g (4 tazas) de harina común
   (para todo uso)
10 ml (2 cdtas.) de levadura en polvo
2 huevos batidos
65 g (¼ taza) de mantequilla en pomada

55 g (¼ taza) de azúcar extrafino
125 ml de vino blanco
Aceite vegetal para freír
Azúcar glas para espolvorear

Tamizar la harina y la levadura en polvo en un bol grande y añadir los huevos, la mantequilla y
el azúcar hasta que la mezcla se integre. Incorporar el vino hasta obtener una masa blanda
y ligeramente pegajosa. Dependiendo de la harina utilizada, puede ser necesario añadir más
líquido o harina.

Extender la masa sobre una tabla enharinada; debe quedar muy fina, no más de 2-3 mm de
grosor. Cortar la masa en tiras de 3 cm de ancho por 10 cm de largo. A mí me gusta usar un
cortador de raviolis, que hace un bonito borde acanalado. Presionar suavemente cada tira
en el centro, formando un pequeño lazo.



REPOSTERÍA PARA DISFRUTAR DE LA MAGIA DE LAS ESTACIONES

Calentar el aceite en una sartén profunda; probar si está caliente echando un poco de la pasta. Debe cocinarse y dorarse en 10-15 segundos. Freír unos cuantos crostoli cada vez, dándoles la vuelta para que queden crujientes y dorados por ambos lados. Sacar con una espátula y escurrir bien en papel de cocina. Espolvorear abundantemente con azúcar glas antes de servir.

También puede prepararse un plato de postre mágico disponiendo los crostoli en el centro de una bandeja redonda y rodeándolos con unos cuantos cuencos con salsas dulces para mojar, como caramelo, chocolate y fresa.

## ✴ SABIDURÍA DE BRUJA

La reluciente energía de Beltane es el momento idóneo para pedir deseos. La siguiente es una actividad en grupo muy bonita que puede hacerse en el jardín o en un entorno natural. Todo el mundo coge unos trocitos de papel en forma de etiqueta y escribe unos cuantos deseos. A continuación, se hace un agujero en la parte superior de las etiquetas y se unen entre sí con cintas de colores o trozos de lana. Ata las etiquetas a las ramas de un árbol (o utiliza una rama de árbol caída y clávala en una maceta). Reunidos alrededor del árbol, se recita esto:

*Aquí os muestro mis deseos,
deseos de mi corazón y de mi alma.
Deslumbrante magia veraniega,
concédeme todos mis deseos.
Que así sea.*

Puedes dejar las etiquetas atadas al árbol, si es apropiado hacerlo, o colocarlas en el altar de tu cocina.

# GOTAS DE ROSA Y FRUTA DE LA PASIÓN

Litha es el solsticio de verano, cae el 21 de junio y marca el momento en que los días se acortan y las noches empiezan a alargarse a medida que la Tierra se acerca al invierno. Sin embargo, éste es el momento de celebrar los tesoros de la Tierra, en especial sus flores y frutos, y para recordar la luz interior que todos llevamos dentro. A veces perdemos la confianza en nosotros mismos y en nuestra capacidad de cambiar el mundo, pero en este momento podemos aprovechar la energía del verano para empezar a crear la vida que queremos y necesitamos. Esta receta contiene rosas y fruta de la pasión (de la planta de la flor de la pasión); estas flores son ideales para crear y mejorar la autoestima y la belleza interior. Sirve las galletas con un sentimiento de alegría y esperanza... y, si quieres, también con una taza de delicado té de rosas y jazmín.

## PARA 15-20 GALLETAS

*125 g (½ taza) de mantequilla sin sal,
    en pomada*
*60 g (½ taza) de azúcar glas (en polvo)*
*2,5 ml (½ cdta.) de extracto de vainilla*
*10 ml (2 cdtas.) de agua de rosas para uso
    culinario*
*15 ml (1 cda.) de pulpa de fruta de la pasión*
*2 claras de huevo*

*55 g (½ taza) de almendras molidas (harina
    de almendras)*
*90 g (¾ taza) de harina común (para todo uso)*

*Para el glaseado:*
*60 g de azúcar glas (en polvo)*
*5 ml (1 cdta.) de agua de rosas culinaria*
*10 ml (2 cdtas.) de pulpa de fruta de la pasión*

Precalentar el horno a 190 °C.

Forrar una bandeja grande (o varias) con papel de horno.

Batir la mantequilla y el azúcar glas hasta que estén suaves y esponjosos y, a continuación, añadir el extracto de vainilla, el agua de rosas y la pulpa de fruta de la pasión. Batir las claras a punto de nieve y añadirlas a la mezcla de la mantequilla. Tamizar las almendras molidas y la harina e incorporar con cuidado a la masa.

Coger cucharadas de la masa y extender en círculos sobre la bandeja o bandejas de horno. Los círculos deben tener unos 7 cm de diámetro y no deben estar demasiado juntos porque en el horno se expanden.

Hornear durante 8-10 minutos hasta que las galletas estén doradas en los bordes. Dejar enfriar un momento en la bandeja y luego retirarlas con cuidado con la ayuda de una espátula y dejar que se terminen de enfriar en una rejilla.

Preparar el glaseado combinando todos los ingredientes con agua suficiente para obtener un glaseado suave y espeso. Verter con una cuchara un poco de glaseado sobre cada una de las gotas. También puedes añadir unos pétalos de rosa secos encima de cada galleta.

## ✹ SABIDURÍA DE BRUJA

Además de utilizar flores en repostería, también puedes llevar su magia a tu cocina. Coloca unas cuantas flores dentro de una jarra en tu altar o utiliza aceites esenciales en un quemador o una vela aromática. Aquí tienes algunas posibilidades:

- *Rosas*: no sólo para un momento romántico, sino también para el amor propio, la confianza, la belleza y las energías espirituales.
- *Margaritas*: bienestar, sencillez, felicidad y abundancia.
- *Jazmín*: buena suerte, alegría y liberación de preocupaciones y estrés.
- *Pensamientos*: claridad de pensamiento, nuevas ideas y autocomprensión.
- *Geranio*: protección contra las fuerzas negativas, curación emocional y física.
- *Nomeolvides*: salud, mejora de la memoria, reflexión relajada.
- *Capuchina*: energía y salud deslumbrantes, libertad y mayor creatividad.

# PAN DE MAÍZ Y PIMIENTO

Lughnasad (1 de agosto) también es conocido como Lammas, y originalmente era la fiesta de la cosecha, momento en el que se honra y celebra el pan como don supremo de la Madre Tierra, fuente de vida y nutrición. Por eso es un día para todo tipo de brujas de la cocina, pues en él se celebra la esencia de nuestra práctica mágica: el fuego, el cereal y el agua, los misterios elementales transformados en alimento para el cuerpo y el alma. Aunque no estés habituada a hacer pan, te invito a que este año pruebes a hacer uno sencillo, como el de esta receta. Este pan también incluye maíz y harina de maíz, los cuales se elaboran con uno de los siete cereales sagrados y que se han utilizado en rituales y como alimento durante siglos, sobre todo en América. El maíz está vinculado a los antepasados, la prosperidad y la protección. Unos cuantos granos de maíz en el altar de tu cocina harán que en tu hogar sólo entren energías positivas.

## PARA 1 HOGAZA MEDIANA O UNOS 10 BOLLOS NORMALES

*125 g (1 taza) de harina común (para todo uso)*
*50 g (⅓ taza) de polenta fina (harina de maíz)*
*5 ml (1 cdta.) de sal*
*15 ml (1 cda.) de levadura en polvo*
*65 g (½ taza) de cheddar rallado fino*
*2 huevos batidos*

*125 ml (½ taza) de aceite vegetal*
*250 ml (1 taza) de suero de leche*
*150 g (¾ taza) de granos de maíz bien escurridos*
*½ pimiento rojo pequeño, finamente picado*
*Unas cuantas cebolletas cortadas en rodajas finas*
*Una guindilla roja pequeña picada (opcional)*

Precalentar el horno a 200 °C.

Engrasar bien un molde mediano para pan. También puede hacerse en un molde para magdalenas.

Tamizar la harina, la polenta, la sal, la levadura en polvo y el queso cheddar en un bol grande. En otro bol, batir los huevos, el aceite y el suero de leche. Añadir a la mezcla de harina. A continuación, añadir el maíz, el pimiento y la cebolla (y el chile, si se utiliza). Batir hasta obtener una masa espesa; no batir demasiado, no pasa nada si quedan algunos grumos.

Repartir la masa uniformemente en el molde para pan o repartir entre los huecos del molde para magdalenas. Hornear durante 20-25 minutos o hasta que al insertar un pincho fino o similar en el pan salga limpio. Dejar enfriar sobre una rejilla durante 10 minutos antes de desmoldar. Este pan sabe mejor recién hecho y caliente.

## ✷ SABIDURÍA DE BRUJA

Lughnasad es también la celebración de Lugh, el dios del Sol. El Sol es un elemento central para la vida en la Tierra, aportándonos calor, luz y una abundante cosecha a lo largo del año. Nunca debemos olvidarnos de honrar al Sol y los frutos que nos regala. Una forma sencilla de hacerlo es preparando una botellita de Aceite Solar Mágico. Basta con poner 125 ml (½ taza) de aceite de oliva en un pequeño frasco o botella de cristal. Añadir unas ramitas de romero y unas hojas secas de laurel, cerrar la botella y colocarla en un estante fresco y oscuro. Puede utilizarse un poco de este aceite aromático para cocinar, aliñar ensaladas y cosas por el estilo, o simplemente ponte unas gotitas en la frente mientras recitas el siguiente mantra:

*Sol, te bendigo y te honro.*
*Gracias por tu luz.*
*Bendice nuestro camino*
*con calidez y alegría.*
*Que así sea.*

# TARTA DE MANZANA Y MORAS CON *CRUMBLE* DE ROMERO

Mabon, el equinoccio de otoño, tiene lugar alrededor del 21 de septiembre y es la segunda de las grandes fiestas de la cosecha, además de ser la tradicional Acción de Gracias pagana, un momento para considerar nuestras numerosas bendiciones y compartirlas con nuestros seres queridos, amigos y otras personas que quizá no conozcamos. La antigua celebración de la cosecha era un tiempo de felicidad y alegría, pero también un momento de recordar que el invierno estaba a la vuelta de la esquina. Era el momento de hacer balance de lo que se había hecho y de lo que quedaba por hacer o cambiar. Este pastel está hecho con manzanas, un alimento tradicional de Mabon; las moras son sagradas para Lugh, el dios del Sol, al que también se honra en esta época del año, y el romero tiene poderosos vínculos con la memoria y la tradición. Ideal para servir a la hora del té o como postre en esta época de transición.

## PARA 8-10 PERSONAS

---

*Para la tarta de manzana y moras:*
*125 g (1 taza) de harina común (para todo uso)*
*110 g (¾ taza) de harina integral*
*230 g (1 taza) de azúcar extrafino*
*10 ml (2 cdtas.) de levadura en polvo*
*5 ml (1 cdta.) de canela molida*
*80 ml de aceite vegetal*
*180 ml de leche*
*1 huevo*
*5 ml (1 cdta.) de extracto de vainilla*
*3-4 manzanas pequeñas, peladas y cortadas*
*    en trozos pequeños*

*15 ml (1 cda.) de zumo de limón fresco*
*150 g de moras frescas o congeladas*

*Para el* crumble *de romero:*
*60 g (½ taza) de harina común (para todo uso)*
*45 g (¼ taza) de azúcar moreno*
*2,5 ml (½ cdta.) de canela molida*
*65 g (¼ taza) de mantequilla fría*
*15 ml (1 cda.) de hojas de romero fresco finamente*
*    picadas*

Precalentar el horno a 180 °C.

Engrasar bien un molde desmontable de 24 cm y forrar la base con papel de horno.

Tamizar las dos harinas en un bol grande, junto con el azúcar en polvo, la levadura en polvo y la canela molida. En un bol pequeño, batir el aceite, la leche, el huevo y el extracto de vainilla hasta obtener una mezcla espesa y homogénea y, a continuación, incorporar a la mezcla de harina. Mezclar las manzanas troceadas con el zumo de limón fresco e incorporarlo a la masa. Extender la masa en el molde preparado y repartir las moras por encima.

Preparar el *crumble* mezclando la harina, el azúcar moreno y la canela y, a continuación, añadir la mantequilla fría hasta obtener una mezcla parecida al pan rallado. Añadir el romero picado.

Espolvorear el *crumble* uniformemente sobre la masa del pastel y hornear durante 40-50 minutos, hasta que, al insertar un pincho fino o similar en la masa del pastel, éste salga limpio. Dejar enfriar en el molde durante 15 minutos. Aflojar con cuidado las paredes del molde y separar el pastel de la base, retirando el papel de horno. Dejar enfriar el pastel sobre una rejilla.

## ✴ SABIDURÍA DE BRUJA

Si tenemos la suerte de disponer de alimentos para comer, una cocina en la que trabajar y un techo sobre nuestras cabezas, ya podemos sentirnos más que bendecidos. Podemos mostrar gratitud y agradecimiento por estos regalos utilizando la cocina para propagar nuestras bendiciones; quizá podemos reunirnos para hacer pan y compartirlo con otras personas menos afortunadas.
O sencillamente podemos hacer pan y comerlo de forma consciente en compañía de nuestros seres queridos. Y, por favor, no olvides guardar unas cuantas migas para los pájaros. Como la mayoría de las brujas de la cocina, le doy de comer a los pájaros todos los días y creo que son mensajeros de otros reinos (aunque ése es un tema para otro libro). Hagamos lo que hagamos con nuestro pan, deberíamos bendecirlo con estas sencillas palabras:

*Bendiciones del cereal, el aire, el agua y el fuego.*
*Bendiciones del pan.*
*Que siempre nos alimentemos con amor,*
*voluntad y esperanza.*
*Que siempre recordemos alimentar a los demás*
*y compartir nuestra abundante cosecha.*
*Bendiciones y luz... Que así sea.*

# CELEBRAR LA MAGIA DE LA COCINA



Debasish Mridha

Solemos asociar el concepto de celebración con «grandes» acontecimientos: fiestas y festivales especiales, bodas y otros eventos importantes de la vida. Pero, para las brujas de la cocina, toda la vida es (o debería serlo) una celebración. Todos los días tenemos motivos más que suficientes para celebrar el hecho de que estamos aquí, en este hermoso planeta, compartiendo sus dones y sus encantos con la familia, los amigos, las mascotas y los demás seres humanos que nos rodean.

En esta última sección he seleccionado algunas recetas para celebrar de diversas y deliciosas formas el regalo de la vida. Espero que su dulzura también pase a formar parte de la magia y el encanto de tu cocina, incorporando la alegría, la gracia y la abundancia a todos los días de tu vida.

# PASTEL DE CERRIDWEN CON ALMÍBAR DE EARL GREY Y GLASEADO DE NARANJA

Cerridwen es la diosa celta de la Tierra, el fuego y el caldero de la sabiduría. De hecho, casi todo lo que hacemos en la cocina está relacionado de alguna manera con ella. Este pastel oscuro y de sabores intensos simboliza la riqueza de la Tierra de la que mana toda la vida, mientras que los sabores a naranja, tanto del aceite de bergamota del té Earl Grey como el zumo de naranja del glaseado están relacionados con el Sol, fuente de la luz y el calor.

## PARA 6-8 PERSONAS

*Para el almíbar de Earl Grey:*
*250 ml de agua hirviendo*
*2 bolsitas de té Earl Grey*
*115 g (½ taza) de azúcar extrafino*
*Ralladura de 1 naranja (opcional)*

*Para el glaseado:*
*125 g (½ taza) de mantequilla en pomada*
*310 g (2½ tazas) de azúcar glas (en polvo)*
*1 yema de huevo (opcional)*
*65 ml de zumo de naranja natural*

*Para el bizcocho:*
*125 g (½ taza) de mantequilla blanda sin sal*
*345 g (1 ½ tazas) de azúcar extrafino*
*2 huevos*
*5 ml (1 cdta.) de levadura en polvo*
*5 ml (1 cdta.) de bicarbonato sódico*
*Una pizca de sal*
*60 g (½ taza) de cacao en polvo (sin azúcar)*
*185 g (1 ½ tazas) de harina de repostería (superfina)*
*5 ml (1 cdta.) de extracto de vainilla*
*200 ml de agua*

Puede prepararse el almíbar de Earl Grey con antelación porque se conserva varios días en el frigorífico. Para preparar el almíbar, verter el agua hirviendo en un cazo pequeño con las bolsitas de té y dejar reposar durante 15 minutos. Retirar las bolsitas y añadir el azúcar al cazo. Llevar a ebullición y cocer a fuego lento hasta que la mezcla se reduzca al menos un tercio y el almíbar espese ligeramente. Añadir la ralladura de naranja, si se utiliza, y dejar que el almíbar se enfríe del todo.

Precalentar el horno a 180 °C.

Engrasar dos moldes de 23 cm.

Batir la mantequilla y el azúcar hasta obtener una crema ligera y esponjosa, luego añadir los huevos uno a uno. Tamizar todos los ingredientes secos y añadirlos a la mezcla de la mantequilla hasta obtener una masa espesa. Por último, añadir el extracto de vainilla y el agua y batir todo bien durante dos minutos.

Repartir uniformemente la masa en los moldes y hornear durante 30-35 minutos, hasta que los bizcochos hayan subido bien y al insertar un pincho fino o similar salga limpio.

Volcar los pasteles sobre una rejilla y dejar enfriar durante 10 minutos. Rociar 30-45 ml (2-3 cdas.) del almíbar de Earl Grey sobre la superficie de cada pastel, pero sin que queden demasiado saturados.

Mientras los pasteles están en el horno, preparar el glaseado de naranja: mezclar la mantequilla y el azúcar glas hasta que la mezcla quede espesa y esponjosa. Añadir la yema de huevo (si se utiliza) y el zumo de naranja. Si el glaseado resulta demasiado blando, puede que sea necesario añadir un poco más de azúcar glas. Utilizar la mitad del glaseado para unir las dos capas del bizcocho entre sí y, a continuación, repartir el resto de forma decorativa por encima. También se puede utilizar parte del almíbar restante para decorar.

Cubrir el pastel y mantener refrigerado; se conservará fresco durante 2-3 días.

## ✴ SABIDURÍA DE BRUJA

El mejor día para realizar este sencillo ritual es el domingo, el día que se rinde homenaje al brillante astro. Decora tu cocina con unas cuantas flores amarillas (girasoles o dientes de león) y una vela amarilla o naranja. Colócalas en el altar de la cocina o, si lo prefieres, sobre la mesa. Llena pequeñas bolsitas de tela con unos cuantos clavos y semillas de comino, un poco de cáscara de naranja seca y unas gotitas de aceite esencial de bergamota o de flor del naranjo. Ciérralas con una cinta amarilla. Distribuye las bolsitas entre todos los presentes o, si estás solo, átate una alrededor de la muñeca y recita las siguientes palabras (si es posible, de cara al sol):

*Gracias, diosa de la Tierra y del crecimiento,*
*gracias, Sol, por tu poder y calidez.*
*Que tu calor y vitalidad nos llenen siempre y*
*que nuestra luz brille con resplandeciente alegría*
*y buena voluntad para todos.*
*Que así sea.*

# PASTEL DE FRAMBUESAS Y CREMA DE ROSAS

Esta cremosa y deliciosa tarta, que no es necesario hornear (salvo la base), tiene un delicado sabor y aroma floral gracias al agua de rosas, símbolo tradicional del amor y el afecto. Los frutos rojos también están mágicamente vinculados a todo aquello que nos permite profundizar los lazos del amor y el compromiso, por lo que esta receta es la elección perfecta para una velada romántica o simplemente para decirle a alguien especial en nuestras vidas que le queremos; al fin y al cabo, a menudo olvidamos que los amigos también forman parte de la red del amor que convierte nuestras vidas en un regalo mágico.

## PARA 6-8 PERSONAS

**Para la base:**
*250 g de galletas de mantequilla, finamente
    trituradas*
*125 g (½ taza) de mantequilla derretida*
*30 ml (2 cdas.) de azúcar*

**Para el relleno:**
*15 ml (3 cdtas.) de gelatina en polvo*
*200 ml de agua*

*1 lata de 385 g de leche condensada azucarada*
*30 ml (2 cdas.) de agua de rosas*
*5 ml (1 cdta.) de extracto de vainilla*
*250 ml (1 taza) de nata líquida (ligera)*
*250 g de queso fresco*
*125 g de fresas pequeñas y/o frambuesas*
*Pétalos de rosa frescos o pistachos picados para
    decorar (opcional)*

Precalentar el horno a 170 °C.

Engrasar ligeramente un molde de 23 cm.

Preparar primero la base: poner las galletas trituradas en un bol, verter la mantequilla derretida y el azúcar y mezclar todo con un tenedor hasta que adquiera la consistencia de la arena. Presionar la mezcla uniformemente sobre la base y los lados del molde. Hornear durante 5-10 minutos, hasta que esté dorada. Sacar del horno y dejar enfriar.

Para preparar el relleno, mezclar la gelatina con el agua en un bol pequeño de cristal resistente al calor (si se mezcla con agua fría antes de disolverla, se garantiza que no se formen grumos) y disolver en un cazo o jarra con agua caliente.

En un cuenco grande, mezclar la leche condensada, el agua de rosas, el extracto de vainilla, la nata y el queso fresco hasta obtener una mezcla homogénea. Añadir la gelatina disuelta y mezclar bien. Añadir las frambuesas y verter la mezcla sobre la base de galleta. Dejar enfriar durante al menos 3 horas para que se asiente. Servir los trozos de tarta decorados con pétalos de rosa o pistachos picados.

## ✴ SABIDURÍA DE BRUJA

Rosas para una bendición: la primera vez que oí hablar de este hermoso pero sencillo ritual fue en el precioso libro de Titania Hardy, *Titania's Book of House*, aunque yo lo he modificado un poco. Es especialmente útil cuando nos sentimos, o un ser querido, algo alicaídos, tristes o faltos de romanticismo en nuestras vidas. Necesitarás rosas, preferiblemente blancas o rosas, aunque cualquier otro color también sirve, una para cada uno de los presentes. Colócalas sobre la mesa y rocíalas con unas gotas de agua de rosas. Recita las siguientes palabras en voz baja, después de lo cual, cada persona debe coger una rosa y llevársela a su casa:

*El amor es nuestro regalo,*
*nuestra razón de ser, nuestro corazón.*
*Que esta rosa sea un poderoso símbolo*
*del amor que compartimos, que damos,*
*con el que somos bendecidos.*
*Que así lo sea para siempre.*

Las rosas también pueden secarse y hacerse con ellas bolsitas del amor añadiendo los pétalos secos a una bolsita con unas gotitas de aceite esencial de rosa y lavanda y un pequeño cristal de cuarzo rosa. Ata las bolsitas con cintas de color rosa pálido o malva y cuélgalas de la cabecera de la cama para tener sueños románticos.

# PAN ARCOÍRIS DE HIERBAS

Esta receta está basada en un pan tradicional escandinavo llamado *Smörgåstårta* porque se servía como parte de un bufé *smorgasbord*. Sin embargo, ésta es mi versión simplificada y brujesca, hecha como una receta rápida de preparar pan. El relleno de queso crema puede adaptarse a los ingredientes que más te gusten o tengas más a mano: ¡éstas son sólo algunas sugerencias! El pan es, por supuesto, uno de los alimentos más mágicos que existen: la cocción del pan simboliza los cambios en nuestra propia vida y es alquimia culinaria en su nivel más profundo. Esta receta es ideal para cualquier época del año y es una buena alternativa para los que prefieren lo salado a lo dulce. Las hierbas que decidas utilizar reflejarán tus propias intenciones; por ejemplo, el tomillo para la sanación y la tranquilidad, el cebollino para la protección y la energía positiva, la albahaca para la prosperidad y el orégano para el amor y la felicidad. El trigo está lleno de energías solares, mientras que la crema de queso del relleno tiene poderosos vínculos con la Luna.

## PARA 6-8 PERSONAS

**Para el pan:**
*310 g (2½ tazas) de harina común
    (para todo uso)
10 ml (2 cdtas.) de levadura en polvo
5 ml (1 cdta.) de sal
2,5 ml (½ cdta.) de pimienta negra
2,5 ml (½ cdta.) de mostaza en polvo
    (opcional)
45 g (¼ taza) de parmesano rallado fino
2 huevos
65 ml (¼ taza) de aceite de oliva suave
    (o aceite vegetal)
250 ml (1 taza) de suero de leche*

**Para el relleno y la guarnición:**
*500 g de queso crema
65 ml (¼ taza) de crème fraîche o mascarpone*

**Además del sazonado de tu elección:**
*15 ml (1 cda.) de pesto de albahaca y albahaca fresca
    picada
Pesto de pimiento rojo y un poco de puré/pasta
    de tomate o pimentón ahumado
5 ml (1 cdta.) de mostaza o 15 ml (1 cda.) de hummus
Hierbas picadas como cebollino, eneldo o perejil para
    la parte superior, además de tomates, aceitunas
    o alcaparras*

Precalentar el horno a 180 °C.

Engrasar y forrar un molde hondo de 23 cm.

Tamizar los ingredientes secos en un bol grande y mezclar los huevos, el aceite y el suero de leche en otro bol. Incorporar esta mezcla húmeda a la mezcla de harina hasta obtener una masa espesa y pegajosa.

Repartir la masa uniformemente en el molde y hornear durante 40-45 minutos, hasta que el pan haya subido, esté dorado y al insertar un pincho fino o similar salga limpio. Dejar enfriar en el molde durante 5 minutos y, a continuación, pasar a una rejilla para que se termine de enfriar.

Para preparar el relleno, mezclar el queso crema y la *crème fraîche* y repartir en cuatro cuencos. Dependiendo de los sabores que elijas, puede que tengas que añadir más queso crema si el relleno es demasiado espeso.

Sazonados sugeridos:
Una vez frío, cortar el pan longitudinalmente en tres partes y rellenar con los tres quesos aromatizados; presionar ligeramente y cubrir con la última capa de queso aromatizado. Espolvorear con hierbas frescas u otros adornos, según las sugerencias que aparecen en la lista de ingredientes.

Mantener tapado y refrigerado hasta el momento de servir; utilizar un cuchillo de sierra largo para cortar el pan en rebanadas finas (de no más de 5 mm de grosor).

## ✷ SABIDURÍA DE BRUJA

Antes de preparar pan (o cualquier otra receta de repostería) podemos conferir poder a los ingredientes y bendecirlos de una forma muy sencilla y eficaz. Coloca los ingredientes en un círculo y espolvorea un poco de sal alrededor. Espolvorea un poco de harina alrededor del círculo de sal y dibuja con el dedo pequeños círculos en la harina para representar el Sol. Deja que tu propio ser impregne y llene el círculo y recita la siguiente plegaria:

*Sol, Tierra y Luna,*
*pan y bendiciones.*
*Estamos alimentados, estamos bendecidos,*
*que siempre estemos nutridos,*
*que siempre nos alimentemos*
*unos a otros y a nuestra hermosa Tierra.*
*Que así sea. Benditos seáis.*

# TARTA DE CAFÉ TRES LECHES

Los amigos son un regalo realmente especial en nuestras vidas y, como tal,
merecen que les dediquemos su propia celebración; esta grande y deliciosa tarta
es perfecta para compartir con las personas que queremos; prepárala cuando
quieras celebrar los hermosos y únicos lazos de la amistad. La tarta tres leches es
un postre muy tradicional de México y Sudamérica en general, pero puede resultar
muy dulce. Yo prefiero esta versión, en la que el dulzor queda compensado con el
sabor del café, que también está mágicamente vinculado al amor y la creatividad,
mientras que las distintas leches están llenas de energías lunares y de la diosa
de la crianza.

## PARA 8-10 PERSONAS

*5 huevos grandes, separados*
*230 g (1 taza) de azúcar extrafino*
*1 lata de 385 g de leche evaporada*
*125 g (1 taza) de harina de repostería (superfina)*
*7,5 ml (1 ½ cdtas.) de levadura en polvo*
*5 ml (1 cdta.) de sal*

*Para la cobertura:*
*30 ml (2 cdas.) de café soluble de buena calidad*
*30 ml (2 cdas.) de agua hirviendo*
*1 lata de 385 g de leche condensada*
*250 ml (1 taza) de nata líquida (ligera)*
*Cacao en polvo (sin azúcar) para espolvorear*

Precalentar el horno a 180 °C.

Engrasar bien un molde rectangular de 23 × 33 cm.

Batir las yemas de huevo y 170 g (¾ taza) de azúcar en polvo hasta que estén ligeras y espesas.
Incorporar 80 ml de leche evaporada, junto con la harina, la levadura en polvo y la sal.

Batir las claras de huevo en un bol de cristal grande hasta que se formen crestas suaves y,
a continuación, añadir el resto del azúcar en polvo y batir a punto de nieve. Incorporar
suavemente las claras a la masa del bizcocho hasta obtener una mezcla espesa y ligera.

Verter la mezcla uniformemente en el molde y hornear durante 30 minutos, o hasta que
el bizcocho esté dorado y al insertar un pincho fino o similar salga limpio. Retirar del horno
y dejar enfriar en el molde durante 10 minutos.

Para la cobertura, disolver el café soluble en un bol de cristal con agua hirviendo; añadir la leche condensada y el resto de la leche evaporada y remover bien. Con una brocheta de madera (o un tenedor grande) practicar agujeros por toda la superficie de la tarta y, a continuación, verter la cobertura de café con una cuchara y dejar que se absorba bien. Cubrir el pastel y refrigerar hasta el momento de servir. Antes de servir, montar la nata hasta obtener crestas suaves, extenderla por encima de la tarta y espolvorearla ligeramente con cacao en polvo. La tarta puede conservarse en el frigorífico unos 2-3 días.

## ✴ SABIDURÍA DE BRUJA

Para estrechar aún más los lazos de amistad, puedes probar a servir la siguiente bebida de café (para adultos, puedes añadir brandy) junto con la tarta. Prepara tu café favorito y después añade unos cuantos clavos, la peladura de una naranja y un limón y unas ramitas de romero (fresco o seco). Deja infusionar el café por lo menos 20 minutos, después cuélalo bien y añade uno o dos chorritos de brandy. Sírvelo en tazas pequeñas y, si lo deseas, puedes endulzarlo con un poco de miel.

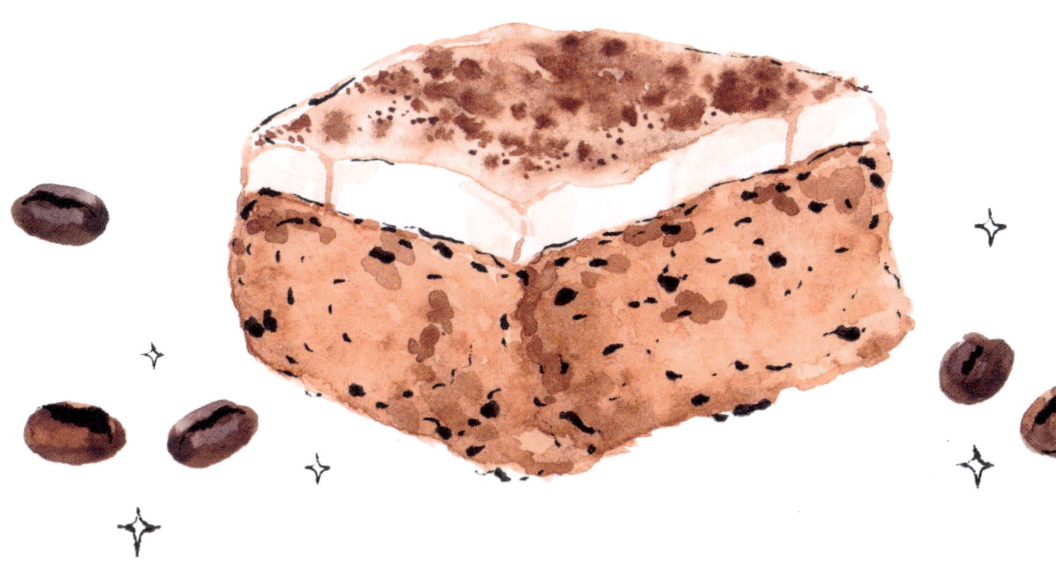

# PAVLOVA DE MELOCOTÓN, FRUTOS ROJOS Y MENTA

Deliciosamente ligera, afrutada y cremosa, esta pavlova es la receta perfecta para el postre de una fiesta de cumpleaños. La menta, los frutos rojos, los huevos y la nata tienen poderosas vinculaciones con la Luna, lo cual encaja a la perfección con el tema del cumpleaños. Porque nuestros cumpleaños son días mágicos: el día en que llegamos a esta hermosa Tierra y recibimos el regalo de la vida. Nadie debería ignorar o descuidar la celebración de su cumpleaños, pues son una parte mágica de nuestro calendario personal y nos dan la oportunidad de celebrar no sólo lo que ha sido, sino también lo que está por venir. Debido a la magia lunar que contiene esta receta, te recomiendo que la sirvas por la noche, en una habitación iluminada sólo con velas blancas, plateadas, violetas o azul claro, para reflejar mejor el espíritu de la Luna. O puedes disponer las velas sobre el pastel y presentarlo como una tarta de cumpleaños de bruja.

## PARA 6-8 PERSONAS

*Para la pavlova:*
*4-5 claras de huevo a temperatura ambiente*
*345 g (1 ½ tazas) de azúcar extrafino*
*5 ml (1 cdta.) de vinagre blanco*
*5 ml (1 cdta.) de extracto de vainilla*

*Para la cobertura:*
*65 g (¼ taza) de mantequilla*
*115 g (½ taza) de azúcar extrafino*

*5 ml (1 cdta.) de extracto de vainilla*
*375 ml (1 ½ tazas) de nata con alto contenido en grasa (espesa)*
*4-5 melocotones maduros, pelados y cortados en rodajas*
*125 g de frutos rojos frescos de tu elección (fresas, frambuesas, etc.)*
*Un puñado de hojas de menta fresca picadas*

Precalentar el horno a 150 °C.

Forrar una bandeja de horno grande con papel de hornear y dibujar un círculo de unos 23 cm en el papel.

Preparar el merengue batiendo las claras a punto de nieve, añadir poco a poco el azúcar y seguir batiendo hasta que la mezcla quede espesa y firme. Incorporar el vinagre y el extracto de vainilla. Extender el merengue en círculo utilizando el dibujo como guía y, a continuación, levantarlo un poco por los lados para crear una forma de cuenco poco profundo.

Hornear la pavlova durante 2 horas o hasta que el merengue adquiera un color dorado muy pálido y esté ligeramente firme al tacto. Dejar enfriar.

Mientras la pavlova está en el horno, preparar la cobertura: derretir la mantequilla, el azúcar glas y el extracto de vainilla a fuego lento hasta que se forme un almíbar suave. Dejar enfriar.

La pavlova debe montarse poco antes de servir, de lo contrario el merengue se ablandará. Montar la nata hasta que forme crestas suaves y extenderla sobre la capa de merengue. Cubrir la crema con las rodajas de melocotón y los frutos rojos (cortados en rodajas si son muy grandes), rociar con el almíbar frío y, por último, espolvorear con la menta picada.

## ✹ SABIDURÍA DE BRUJA

La magia lunar es la más poderosa que existe. Como brujas de la cocina, sabemos y honramos este conocimiento. Un sencillo ritual nos recuerda el poder y la importancia de las estaciones y los ritmos lunares, ritmos que tienen su reflejo en nuestro propio cuerpo. Prepara este sencillo aceite lunar (la receta original, que yo he adaptado, es del ya fallecido escritor de temas mágicos Scott Cunningham) añadiendo 6 gotitas de aceite esencial de rosa y 2 partes de aceite de jazmín y sándalo a un frasco pequeño de aceite base (125 ml o ½ taza), como el de almendras dulces o jojoba. Ponte unas cuantas gotas de aceite en la muñeca y la frente y recita las siguientes palabras:

*Espíritu de la Luna, te amo y te honro.*
*Lléname de tu luz y tu magia*
*todos los días y noches de mi vida.*
*Que tu luz plateada me permita ser*
*cada vez más mágico y estar más bendecido,*
*y descubrir los deseos de mi corazón.*
*Bendita seas y que así sea para siempre.*

# TARTA DE FRANGIPANE

El cuidado de uno mismo, que básicamente consiste en valorarnos a nosotros mismos en cuerpo, alma y espíritu tanto como valoramos a los demás, debería ser una de nuestras prioridades cotidianas. Pero, por desgracia, a menudo nos ponemos al final de la lista de tareas pendientes. Quizá algo tan sencillo como sentarnos con una taza de té y un trozo de tarta o pastel casero puede ser el comienzo de la reconexión con nosotros mismos. Deberíamos intentar convertir esto en una parte habitual de nuestra magia de la cocina. Porque la magia está indisolublemente unida a la sanación a todos los niveles, por lo que el cuidado de uno mismo, que nos equilibra, es también una parte inevitable de esa magia. La clave consiste en estar con nosotros mismos, en el momento presente; también es el momento ideal para escribir en nuestro grimorio de la cocina, o tal vez consultar nuestra baraja favorita de tarot u oráculo, y ver qué mensajes tienen para nosotros.

## PARA 1 HOGAZA MEDIANA O UNOS 10 BOLLOS NORMALES

**Para la masa:**
185 g (1 ½ tazas) de harina común
    (para todo uso)
60 g (½ taza) de azúcar glas (en polvo),
    tamizado
125 g (½ taza) de mantequilla fría, cortada
    en trozos pequeños
5 ml (1 cdta.) de extracto de vainilla
1 huevo
Agua fría

**Para el relleno:**
125 g de almendras molidas (harina de almendras)
30 g (⅓ taza) de harina de fuerza
115 g de azúcar extrafino
185 g de mantequilla
3 huevos
5 ml (1 cdta.) de extracto de almendra
250 ml (1 taza) de mermelada/confitura de fresa
    o albaricoque
45 g ½ taza) de almendras laminadas (opcional)

Precalentar el horno a 180 °C.

Engrasar bien una bandeja para tartas de 20 cm; esta receta también se puede hacer en un molde cuadrado de 23 cm y cortarse en cuadrados/barras para servir. En ese caso, simplemente presionar la base uniformemente en el fondo del molde, no en las paredes.

Para hacer la masa, tamizar la harina y el azúcar glas y, a continuación, añadir la mantequilla hasta que la mezcla adquiera la consistencia del pan rallado. Añadir el extracto de vainilla y el huevo y, a continuación, agua suficiente para obtener una masa blanda y manejable.

Con los dedos, presionar la masa de manera uniforme sobre la base de la bandeja para tartas. Si la masa queda irregular, utilizar un vaso pequeño para alisar la base. Pinchar ligeramente la masa con un tenedor y después hornear durante 15 minutos, hasta que se dore. Dejar enfriar.

Para el relleno, tamizar las almendras molidas y la harina. En otro bol, batir el azúcar, la mantequilla y los huevos hasta obtener una mezcla homogénea. Añadir el extracto de almendra, mezclar con la harina y las almendras molidas y batir bien.

Extender la mermelada de fresa o albaricoque uniformemente sobre la base ya fría y, a continuación, verter la masa de almendras. Hornear durante 30-40 minutos, o hasta que el relleno haya subido y esté dorado. Dejar enfriar en la bandeja para tartas y espolvorear con las almendras, si se utilizan.

## ✸ SABIDURÍA DE BRUJA

Cuando desees celebrar una sencilla ceremonia de autocuidado, reúne los siguientes materiales: una vela blanca o rosa, un plato con agua, un cristal de cuarzo rosa y aceite esencial de sándalo (para propiciar el equilibrio y la calma). Siéntate tranquilamente en la mesa de la cocina y enciende la vela; rocíate las manos y el cristal de cuarzo con un poco de agua y, a continuación, aplícate 2 o 3 gotas de aceite en las muñecas (asegúrate de que se haya añadido un poco de aceite base, como el de almendras dulces, antes de aplicártelo sobre la piel). Recita las siguientes palabras en voz baja:

*Yo soy yo. Estoy bien y soy fuerte.*
*Merezco amor y todas las cosas buenas:*
*bendiciones, gracia y alegría en abundancia.*
*Elijo honrarme y amarme a mí mismo,*
*como hago con aquellos que me rodean.*
*Que así sea.*

# TARTA KARPATKA

Ésta es mi versión de una tarta tradicional polaca que lleva el nombre de los
Cárpatos. La probé por primera vez en un mercado de comida mágica que se
celebró en mi ciudad hace unos años; lo había hecho una hermosa mujer pelirroja
que parecía salida de un cuento de hadas. Hasta el día de hoy, cuando hago esta
tarta, me imagino a mí misma haciéndola en un hermoso castillo en medio de un
bosque oscuro y misterioso donde la magia lo envuelve todo. Sin embargo, debo
decir que mi versión no es del todo auténtica, ya que la *Karpatka* original tanto la
parte inferior como la superior están hechas con masa *choux*, mientras que la mía
sólo tiene una capa. Para el relleno, utilizo natillas de buena calidad compradas
en el supermercado, ya que las natillas caseras a veces quedan muy líquidas.
Curiosamente, después de preparar esta tarta durante varios años finalmente
descubrí, en un árbol genealógico muy antiguo, que también tengo raíces polacas...
un descubrimiento mágico, no cabe duda.

## PARA 8-10 PERSONAS

*Para la masa tipo choux:*
*250 ml (1 taza) de agua*
*125 g (½ taza) de mantequilla picada en trozos*
*90 g (¾ taza) de harina de repostería*
    *(superfina)*
*2,5 ml (½ cdta.) de sal*
*4 huevos grandes*
*Azúcar glas para espolvorear*

*Para las natillas y la cobertura:*
*500 ml (2 tazas) de natillas de vainilla*
*5 ml (1 cdta.) de extracto de vainilla*
*250 ml de nata líquida (ligera)*
*250 g de chocolate negro troceado*

Precalentar el horno a 200 °C.

Engrasar bien un molde poco profundo de 26 cm.

Preparar la masa poniendo el agua y la mantequilla en un cazo mediano y llevándolo a
ebullición. Una vez que la mezcla hierva, añadir la harina y la sal a la vez y batir hasta obtener una
masa espesa. Retirar del fuego y dejar enfriar 5 minutos antes de añadir los huevos, uno a uno, y
batir bien después de añadir cada uno. La masa debe quedar lisa y espesa; extender
uniformemente sobre la base y las paredes del molde y espolvorear ligeramente con azúcar glas.

Hornear durante 30-40 minutos; la masa debe subir, estar dorada y ligeramente crujiente por encima. Dejar enfriar en el molde.

Para hacer la cobertura, batir las natillas con el extracto de vainilla, añadir la mitad de la nata y seguir batiendo hasta que se endurezca. Extender sobre la base ya fría. Poner el resto de la nata en un cazo pequeño y calentar a fuego lento; añadir los trozos de chocolate y seguir removiendo hasta que el chocolate se haya derretido y la mezcla esté suave y cremosa. Dejar enfriar 10 minutos. A continuación, verter el *ganache* de chocolate sobre el relleno de crema pastelera.

## ✴ SABIDURÍA DE BRUJA

Todos venimos de alguna parte; todos tenemos antepasados y un origen que se remonta en el tiempo y la historia. Y éste origen a menudo está conectado al hecho de preparar y compartir determinados platos y recetas. La cocina suele ser un espacio de memoria y recuerdo, tanto de los que aún están con nosotros como de los que ya no están. Puede que esta tarta te anime a buscar recetas tradicionales de tu familia y a recrearlas en tu cocina... Hay un sencillo ritual de «la mano y el corazón» que me encanta poner en práctica cuando preparo alguna receta ancestral de mi familia. Puedes realizarlo cogiendo la mano de las personas que estén físicamente presentes en tu cocina o mentalmente, acogiendo a los que no lo están con tu corazón y tu espíritu. Simplemente reuniros y recitad:

*A través de la comida recordamos y honramos*
*a aquellos que nos precedieron,*
*cuyas vidas hicieron posible la nuestra.*
*Con las manos y el corazón*
*siempre recordaremos... con amor y respeto.*
*Bendito sea. Que así sea.*

# PÁGINAS DEL GRIMORIO

La primera regla de un grimorio es que las reglas no existen. Pueden ser tan sencillos o elaborados como queramos, utilizar un simple cuaderno o crear un hermoso diario ilustrado: ¡tú eliges! Si lo prefieres, también puedes crear un grimorio en línea, como hace mucha gente hoy en día.

Las páginas del grimorio que incluimos al final del libro pretenden ser una invitación para que anotes ideas, sentimientos y los distintos experimentos que has llevado a cabo en tu cocina. A lo largo de los siglos, las brujas han sido alentadas a escribir un Libro de las Sombras, una forma de documentar y comprender la magia personal, los rituales y las celebraciones. Un grimorio de cocina no es más que una extensión de eso.

En él puedes incluir recetas propias, notas o recortes, pero, lo que es aún más importante, puedes anotar tus pensamientos y experiencias cotidianas en la cocina. El grimorio no es un simple libro de recetas, sino una herramienta de inspiración y sabiduría para tu camino vital.

Todas las bendiciones desde una bruja de la cocina a otra.

# AGRADECIMIENTOS

«La magia no viene de fuera.
Forma parte de ti.
No puedes urdir un hechizo
en el que no crees».

Jim Butcher

Me gustaría dar las gracias a Kate, Chelsea y a todos los que trabajan en Hardie Grant por darme la oportunidad de escribir un libro sobre uno de mis temas favoritos. Gracias también a todos aquellos que han compartido conmigo sus historias y recetas a lo largo de los años. Eterna gratitud a mi madre, Catharine, por soportar mis experimentos en la cocina desde una edad muy temprana, y también a la tía abuela Rosie, quien compartió su sabiduría repostera conmigo; os echo mucho de menos, pero también sé que seguís preparando un montón de pasteles en las radiantes tierras más allá del velo.

Y a todos los que creen en la magia y saben que empieza en nuestros corazones y espíritus, a menudo de la forma más sencilla...

Gail B.

# ACERCA DE LA AUTORA

Gail Bussi es una bruja de la cocina de origen celta e italiano. También es herbolaria cualificada, terapeuta de esencias florales y *coach* de *mindfulness*. Ha escrito otros tres libros sobre los aspectos mágicos y naturales de la vida. También es diseñadora, artista y repostera, y ha escrito sobre estos temas para varias editoriales internacionales. La repostería fue su primer amor cuando era niña, y desde entonces se ha dedicado profesionalmente a ella e incluso tiene un pequeño negocio de *catering*.

Gail cree que los sencillos rituales cotidianos en el hogar son la mejor manera de encontrar la magia y la espiritualidad en nuestras vidas, y sus libros nos animan a llevarlos a cabo de una forma práctica y asequible.

Actualmente vive en una encantadora cabaña de madera cerca de la costa del Cabo Oriental, en Sudáfrica, entre las montañas y el mar, rodeada de flores, árboles, hierbas y muchos pájaros.

# ÍNDICE ALFABÉTICO

**Colección Esoterismo**
LA COCINA DE LA BRUJA
Texto: *Gail Bussi*
Ilustraciones: *Alice Mortimer*

1.ª edición: noviembre de 2024

Título original: *The Kitchen Witch*
Traducción: *Daniel Aldea*
Corrección: *M.ª Jesús Rodríguez*
Maquetación: *El Taller del Llibre, S. L.*

© Gail Bussi, por los textos
© Alice Mortimer, por las ilustraciones
Publicado originalmente por Hardie Grant Books,
sello editorial de Hardie Grant Publishing, en 2024
(Reservados todos los derechos)
© 2024, Ediciones Obelisco, S. L.
www.edicionesobelisco.com
(Reservados los derechos para la lengua española)

Edita: Ediciones Obelisco, S. L.
Collita, 23-25. Pol. Ind. Molí de la Bastida
08191 Rubí - Barcelona - España
Tel. 93 309 85 25
E-mail: info@edicionesobelisco.com

ISBN: 978-84-1172-173-8
DL B 7743-2024

*Printed in China*